PENSER POUR AGIR

DU MÊME AUTEUR

L'Afrique occidentale française, ouvrage couronné par l'Académie française et la Société antiesclavagiste de France (Bloud, éd.) . . . 6 fr. »

La Démocratie vivante, un vol. in-8, Bernard Grasset, éditeur. . . . . *épuisé*

Auguste Comte et son œuvre : Le Positivisme. (Publications du groupe Auguste Comte, 6, Boulevard de la Madeleine.) . . . . 2 fr. 50

Croître ou disparaître. (Perrin, éd.) . . . 3 fr. 50

La Crise sociale, 3e édition. (Bloud, éd.) . 3 fr. 50

Les Classes moyennes. (Perrin, éd.) . . . 3 fr. 50

Le Pouvoir social des femmes. (Perrin, éd.) 3 fr. 50

GEORGES DEHERME

LES DIRECTIONS POSITIVES

PENSER POUR AGIR

NOTES, OBSERVATIONS, PRÉCEPTES
SUR LES
PRINCIPALES QUESTIONS POLITIQUES, SOCIALES ET MORALES
DE NOTRE TEMPS

PARIS
BERNARD GRASSET, ÉDITEUR
61, RUE DES SAINTS-PÈRES, 61

1919

A CHARLES DESCHARS,

A Louis Deherme, à toutes les victimes de nos erreurs et de nos fautes.

Consul de France à Berlin, engagé comme lieutenant interprète, blessé et prisonnier en Belgique, Charles Deschars fut tué le 23 août 1914, à Gommery.

Il fut assassine, et de deux manières.

D'abord, par un des vilains reîtres que la barbarie germanique avait lancés contre nous ; ensuite, par notre anarchie, qui causa les premières défaites et des pertes incalculables.

Pour le fait brutal, il suffit de reproduire les journaux de l'époque : « Le 22 août, la division à laquelle Deschars était attaché comme interprète, livra, à Ethe, un sanglant et malheureux combat. Blessé d'une balle au mollet, Deschars dut rester en arrière, au village de Gommery (Luxembourg belge). Là, le lendemain, l'ambulance tomba aux mains des Allemands. Deux fois de suite, afin de préserver les blessés et le personnel d'un massacre, il dut quitter son lit pour descendre s'expliquer avec des officiers de l'armée ennemie ; une troisième fois, il eut affaire à un sous-officier qui lui brûla la cervelle. A la suite de cet assassinat, la troupe allemande se livra à tous les excès. Le Dr Vaissière, qui se trouvait dans l'ambulance, fut tué ; le Dr Sédillot, médecin-major de 1re classe, fut blessé. La plupart des blessés furent achevés. »

Honte aux brutes qui déshonorèrent la guerre !

Mais tous les Français ont été complices de ce crime. Je le dirai.

Agé de 37 ans seulement, Charles Deschars était, à Berlin, notre représentant commercial pour toute l'Europe centrale. Il connaissait l'Allemagne à fond, dans son audace et dans sa fourberie, dans ce qu'elle étalait avec orgueil comme dans ce qu'elle dissimulait avec inquiétude. Et tout de même, l'Autriche, la Russie, la Turquie, l'Australasie... Ses connaissances étendues, sa compétence spéciale de la politique et de l'économique mondiales, son intelligence aussi vive que sûre et droite, son haut caractère le désignaient pour un autre poste que celui de lieutenant-interprète. Alors que tout était à organiser dans notre administration, pour le ravitaillement, pour les finances, pour les travaux publics, pour le commerce, etc., des gouvernants, des chefs eussent employé toutes les énergies, les compétences, les caractères. Mais il n'y avait encore que des politiciens et des paperassiers, — et les politiciens se soucient bien plus de conserver l'apparence du pouvoir et ses profits que de l'exercer, et les fonctionnaires se préoccupent bien plus des places à se répartir et des avantages qu'elles assurent que des fonctions à remplir. Tous les ronds-de-cuir du ministère de la Guerre, des Finances, du Commerce ou des sportules électorales se fussent insurgés si Deschars — qui dépendait du ministère des Affaires étrangères et qui n'était pas imposé par un politicien, un journaliste, une favorite ou un brasseur d'affaires — avait pris une des places auxquelles ils prétendent avoir droit.

Et Charles Deschars le savait si bien qu'il ne s'était pas attardé à solliciter un meilleur emploi de ses facultés. En pleine jeunesse, il ne voulait pas, comme tant d'autres, s'enrager dans l'inaction. Il s'offrit comme interprète et demanda à partir pour le front.

Hélas ! les balles prussiennes ne furent pas plus intelligentes que ne l'étaient nos dirigeants. Trois semaines après, Charles Deschars n'était plus ! Comme le disait un journal, « celui qui l'a assassiné n'a pas perdu son temps et a privé notre pays d'un serviteur merveilleusement informé ».

Dure leçon. Et si cruelle qu'il faut qu'on l'entende.

Charles Deschars était une grande âme. Je veux dire non seulement un esprit clair et élevé, mais encore un cœur chaud et vivifiant. Ses fonctions et des circonstances malencontreuses n'avaient pas permis que nos rencontres fussent fréquentes. Mais, quand il venait à Paris, il ne manquait pas de frapper à ma porte. Et s'il me trouvait, c'était pour m'encourager, m'offrir ses services, voire son concours pécuniaire. Il savait trop combien l'action d'éducation sociale entreprise par la Coopération des Idées *devenait de plus en plus nécessaire. J'ai quelque fierté d'avoir acquis sa sympathie, d'avoir pressenti cette noble nature. En pensée, sans lui en avoir encore parlé, je l'associais à mes projets. L'heure est venue d'agir, et je déplore la perte que j'ai faite, que le pays a faite.*

Il y a aussi des amis, des parents, une veuve douloureuse et quatre petits enfants à qui Charles Deschars manque atrocement.

C'est pour eux que je trace cette dédicace expiatoire, pour sa veuve surtout. Quand la responsabilité n'est nulle part, elle est partout. Avec moins de persévérance diabolique chez ceux qui, sciemment, maintenaient les erreurs dont ils tiraient bénéfice, avec moins de stupide insouciance et de paresse chez ceux qui ne comprenaient rien à rien et ne voulaient voir ni savoir, avec plus d'énergie chez ceux qui savaient, qui prévoyaient, qui voulaient, la France n'eût pas été ouverte à l'invasion, nos armées, notre administration eussent été prêtes, Charles Deschars n'eût pas été tué, et tant d'autres!...

A CHARLES DESCHARS,

A LOUIS DEHERME, A TOUTES LES VICTIMES DE NOS ERREURS ET DE NOS FAUTES,

Je dédie humblement ce recueil de pensées dont le seul mérite est d'être un appel pressant au repentir, à l'indignation contre soi-même, à la Volonté sanctifiante d'une régénération des opinions et des mœurs.

PRÉAMBULE

La victoire n'assure que la possibilité de salut. Elle ne termine pas l'effort.

Tout est à reconstituer. Œuvre immense. Mais la bonne volonté des bons Français est à la mesure qu'il y faut. Il ne reste qu'à l'ordonner.

C'est, d'abord, l'éclairer et la guider.

Vouloir ! Agir ! clame-t-on de toutes parts. Oui. Mais, préalablement, penser. L'action efficace, organique, n'est pas que du mouvement. L'agitation est stérile, sinon nocive. Il faut une base et un but. Une doctrine. Il faut que les efforts convergent pour ne pas s'annihiler réciproquement.

Le dédain de la théorie et des idées générales est une impuissance du cœur à s'y élever ou une incapacité du cerveau à les comprendre. S'il se propageait trop, ce serait un inquiétant symptôme de décadence. Ne laissons pas abdiquer l'intelligence. Elle est une force, — même pour les ingénieurs.

Voici donc des directions.

Presque toutes ces notes ont été écrites dans

les quinze années qui précèdent l'effroyable cataclysme. Quelques-unes l'annoncent. Je n'y ai pas grand mérite. Qui était muni de la solide méthode positive ne pouvait pas ne pas voir que la France, en se dénaturant, en se mutinant contre les conditions essentielles de l'existence politique, devait attirer la catastrophe qui la ramènerait rudement à l'ordre. Les lois sociales ont la rigueur de toutes les autres lois physiques. Elles ne s'enfreignent point sans conséquences.

Certes, l'épreuve est cruelle. Raison de plus pour décider qu'elle ne reste point vaine. Il ne faut pas que le sublime holocauste de toute une génération soit inutile. Ceux qui survivent doivent le jurer aux morts qui leur ont maintenu une patrie.

Il est pénible de renoncer les préjugés dont on s'accommodait, de refondre son système d'idées, de subvertir les valeurs fictives que les caprices, les vanités, les paresses et les intérêts avaient complaisamment établies, de se donner une discipline, des mœurs. Sans doute. Mais nos soldats ont consenti des sacrifices plus tragiques.

Et puis, vraiment, est-ce si difficile ? Il s'agit surtout de revenir au bon sens français. Personne qui ne le fasse spontanément pour ses affaires privées ; on s'y résout d'instinct chaque fois que l'existence nationale se trouve menacée directement. Par exemple, nul n'admet l'élection ni le parlementarisme à son foyer et pour la conduite de ses entreprises. On ne l'a pas admis dans les tranchées. Pour avoir poussé jusque-là la sottise, nous savons ce qu'il est advenu de la Russie. Or, nous voulons tous que la France vive. Elle est le mausolée éternel que nous édifierons — suivant le vœu de leur sang offert — à tous les héros que nous pleurons.

Les principes que je rappelle ici sont ceux dont le développement normal de toute société civilisée exige l'application. Ils ont l'évidence de la positivité même. S'il écarte les fictions métaphysiques, pas un Français de quelque culture et sain d'esprit ne saurait s'y opposer. C'est le simple bon sens.

Pourtant, ce recueil semblera faire scandale. C'est que la sagesse paraît extravagante aux déments. Depuis plus d'un siècle, l'anarchie intellectuelle et morale s'est tellement propagée et aggravée que les Français, en général, déraisonnent éperdument, à tout le moins dès qu'il est question de la chose publique.

La catastrophe était au terme de tant d'insanités. Maintenant, il faut se reprendre parce qu'il faut se préserver et reconstruire. Ce sera revenir au positif et rejeter, d'abord, toute la fantasmagorique idéologie du « droit » individuel. Celui de gouverner comme celui de posséder, celui de la fonction comme celui de la possession. La Déclaration des droits de l'homme est la peste. Il faut guérir. Il n'est que des devoirs.

Voilà sur quoi nous pouvons rebâtir. Seulement. Il n'est pas d'autre assise. Si les Français s'y refusent, au lieu de relever les ruines que cette guerre et, plus encore, leurs aberrations ont accumulées, ils achèveront la dissolution.

S'il n'y avait que les exploiteurs du désordre et les imbéciles qu'ils dupent si aisément, on pourrait avoir confiance. Le bon sens, nourri de la nécessité et fortifié par l'expérience, triompherait. Malheureusement, il y a l'innombrable légion des « malins » qui prétendent ruser avec la démagogie. Parce que l'erreur est populaire, ils la croient irréductible. Si elle l'était vraiment, la civilisation française serait condamnée, voilà tout. Mais elle ne l'est pas. Il suffit d'avoir le courage de la dénoncer, sans ambiguïté. Il en a toujours été ainsi : l'erreur a toujours été populaire. On ne gouverne, on n'enseigne qu'en dédaignant le succès immédiat, en affrontant l'impopularité. Et plus que jamais, aujourd'hui, l'un des principaux devoirs de l'élite est d'entreprendre l'éducation sociale du peuple, d'enseigner et de diriger.

PENSER POUR AGIR

I

LE SUFFRAGE UNIVERSEL

Les problèmes sociaux sont trop complexes pour se pouvoir résoudre par une addition de voix.

L'erreur, fût-elle unanime, reste l'erreur.

Élection est le contraire de sélection.

Si c'est pour le peuple qu'on gouverne, ce n'est jamais par lui.

La politique est une science, la plus difficile de toutes. Or nul n'intervient dans les sciences quand il est incompétent. Le « droit d'examen » attribué à tous les électeurs, indistinctement, comme tous les prétendus « droits » formulés par la métaphysique révolutionnaire, est une sottise redoutable. Pas d'ordre sans discipline. Pas de perfectionnement, c'est-à-dire de progrès, sans soumission. Il faut des assises pour bâtir. Il faut des points fixes pour s'appuyer. Les principes qui inspirent et guident la conduite privée et publique ne sauraient être remis en question par tous à tout moment sans déterminer une sorte de délire social. Pour raisonner sainement, il faut des dogmes.

Il n'y a pas de système ni de tempérament qui puissent faire que le principe même du choix des supérieurs par les inférieurs ne soit foncièrement absurde, et que ses conséquences ne soient nécessairement anarchiques.

Sur 39 millions de Français, 11 millions d'électeurs. Parmi ceux-ci, un peu plus de 2 millions — qui ne sont ni les plus aptes, ni les plus dignes — sont représentés par la faction au pouvoir, à supposer que le ministère représente la majorité parlementaire et que celle-ci représente exactement ses électeurs, à supposer qu'un gouvernement puisse représenter les gouvernés. D'ailleurs, les élus de cette minorité de hasard — 6 °/. au plus de la population totale — ont autre chose à faire que de refléter les ignorances, les confusions, les passions et les intérêts incompatibles de leurs commettants. On ne s'occupe que des plus influents.

Ce sont les nombres qui s'additionnent dans les scrutins, et non les valeurs qui s'estiment. Un gouvernement électif se soucie peu des compétences, il s'en méfie même ; il ne lui faut que des électeurs. Il persuade aux citoyens qu'ils n'ont que des droits, et par là il énerve et abrutit.

La souveraineté du nombre, c'est proprement la souveraineté de l'incompétence, et aussi, peut-on ajouter, de l'irresponsabilité. Voici le signe de la Bête : le suffrage universel ne tient compte de la compétence que pour l'exécrer. Au reste, ceux qui ignorent ne sauraient reconnaître et juger ceux qui savent. « Zéro faisant partir de soi un », cela est absurde. Le choix des supérieurs par les inférieurs est, au surplus, radicalement anarchique. Et c'est le suffrage universel, — même avec la représentation proportionnelle.

Voici ce qu'il faut opposer au fétichisme arithmétique sur quoi repose le suffrage universel. On ne délègue pas son savoir, ni son vouloir, ni sa responsabilité. Une volonté ne se représente pas par le nombre.

Un pouvoir élu n'a pas trop de toutes les ressources et de toutes les forces dont il dispose pour se maintenir, assurer sa réélection, ou profiter le plus possible de la chance provisoire. Il ne peut servir que soi-même, qu'être son propre but. Bref, il ne saurait être un gouvernement national.

Le suffrage universel nous livre à des politiciens qui ne sauraient voir plus loin que leur réélection.

Le système électif que l'imbécillité métaphysique seule a pu concevoir, l'ignorance préparer, l'inconscience réaliser, et que la trahison seule peut maintenir, un régime, qui vit de corruptions et de lâchetés, a mis toutes les puissances à la disposition de l'anarchie dispersive. Et d'abord celle — redoutable entre toutes pour les rhéteurs que sont devenus les Français — des mots.

Ce qu'il y a de désastreux dans le suffrage universel, par exemple, c'est qu'il « intéresse » chaque citoyen bien plus à la possession du pouvoir qu'à son sage exercice. Ainsi toutes les énergies se gaspillent pour et dans les élections.

Député, on convoite un portefeuille. Ministre, on s'y agrippe. Les grands moyens sont la faconde, la discorde civile et la corruption. Pour que X soit député plutôt que Z, il importe que les Français s'entredéchirent. Plus des cinq sixièmes des parlementaires sont médecins, journalistes, avocats, surtout avocats. Ils parlent, intarissablement. Jamais l'ignorance ne fut si prolixe, ni la sottise si emphatique.

Il est de bons bourgeois qui, pour être ministres durant quelques lunes, voire même conseillers municipaux, mettraient le monde sens dessus dessous, à feu et à sang. On laisse des torches et des pistolets chargés aux mains de tous ces enfants terribles.

C'est pour devenir ministre que M. Briand a prêché le sabotage et la grève générale.

On ne se sacrifie que pour ce qui est plus que soi. On ne se soumet qu'à ce qui est plus que soi. Quand l'autorité doit être volontairement consentie, à chaque moment, par l'unanimité des individus qui la subissent, elle n'est plus, et ne peut plus être. Si elle pouvait être, elle serait inutile, — et les anarchistes auraient raison.

Le suffrage universel a détourné le prolétariat de sa voie, il lui a fait méconnaître ses vrais conseillers, il l'a divisé, il l'a livré aux démagogues exploiteurs et il l'a abruti dans l'ivrognerie ou la révolte.

Le suffrage universel a beaucoup contribué à répandre les sots préjugés des classes moyennes, et d'autant plus que son mécanisme ne fonctionne qu'en les satisfaisant.

On proclame que chaque citoyen est roi. Eh bien ! on ne peut attendre de ces rois, outre l'exercice de leur souveraineté électorale, que, de leurs mains augustes, ils sèment du blé, bâtissent des maisons, enfournent le pain, — sinon en amateurs, à la manière du serrurier Louis XVI.

C'est d'un puéril matérialisme d'imaginer que la démocratie doit être le gouvernement du plus grand nombre. Si loin qu'on aille dans la sottise du suffrage universel, on n'aboutit pas à la démocratie mais à une ploutocratie plus ou moins dissimulée.

Certes, si la démocratie n'était que le nombre inorganique, ce serait la superstition la plus imbécile qui ait pu hébéter un peuple, et pour le perdre sans recours. Car le nombre peut s'agiter au nom de vagues abstractions : il ne peut rien fonder, ni même rien maintenir. Il n'est favorable qu'aux tribuns redondants derrière lesquels manœuvre la ploutocratie. Ce n'est donc, en définitive, qu'une ploutocratie déguisée. Ainsi, la participation de tous les citoyens à la seule fonction de la direction politique est une duperie. Et cela ne peut aboutir qu'à une formidable démagogie.

Le suffrage universel est à coup sûr, contrairement à ce qu'espéraient ceux qui l'ont institué, le meilleur moyen de gouverner — exploiter serait plus exact — un grand pays contre la volonté profonde, le sentiment continu de la nation et d'empêcher toute consultation nationale sincère.

Ce n'est pas par l'élection, par des votes restreints et platoniques, c'est par l'opinion, par l'exercice réel de ses volontés dans les groupes sociaux que vit la démocratie.

En lui donnant le bulletin de vote, on a dit au peuple que désormais il était souverain, — et depuis qu'il est électeur, jamais il n'a été si faible, jamais le pays n'a été si divisé, jamais l'intérêt social n'a été plus sacrifié aux intérêts privés. Aussi, les plus sanglantes insurrections prolétariennes : juin 1848, mars-mai 1871 datent de cette ère nouvelle. Au vrai, la « souveraineté du peuple » est une sottise et le suffrage universel une colossale mystification.

Le suffrage universel n'exprime pas l'opinion publique. Celle-ci pourrait être la force réelle, efficace de la démocratie vivante ; celui-là n'est, suivant l'expression de Comte, « qu'une ignoble mystification oppressive ».

On ne vote pas sur des idées. Ce sont les vanités, les passions, les désirs, les intérêts immédiats que les résultats des scrutins expriment depuis qu'il y a des élections, dans tous les temps et sous toutes les latitudes.

Le suffrage universalisé aboutit à la stupidité universelle. Chacun étant appelé à déterminer par le vote ses droits et ses devoirs : les locataires fixant le prix de leurs loyers et s'ils doivent les payer ; les ouvriers établissant le taux de leurs salaires et s'ils doivent fournir un travail quelconque ; les conscrits prescrivant le temps de service militaire qui convient ; les enfants, la durée des études et des récréations, etc...

Le plus sot se garde bien d'appliquer le système électif et parlementaire à ses propres affaires.

Le suffrage universel est un moyen de tyrannie. On lui fait dire ce qu'on veut.

Dans les élections, on ne fait pas appel qu'aux sentiments. D'autres facteurs interviennent. L'argent d'abord, les faveurs ensuite; enfin, toutes les pressions officielles et ploutocratiques. La masse électorale est trompée, intimidée, abrutie, corrompue de toutes manières. Le suffrage universel n'est pas une machine qui va toute seul. Encore moins va-t-elle par les électeurs. Elle est mue par une tyrannie. Et malheureusement, c'est une tyrannie qui ne peut être tempérée par l'assassinat.

Dans l'ignoble pugilat électoral, on n'est vainqueur que contre la patrie.

Ce qui sauve pour un temps le pays, c'est qu'élu, le député échappe à l'élection. Mais le souci de la réélection lui rappelle le marché qu'il a passé.

Ce n'est pas tel mode de votation, telle personnalité, tel parti, c'est le système même qui est radicalement anarchique. Le doser, c'est doser le poison ; le réformer, obtenir une plus exacte représentation, c'est simplement développer le mal. On ne gouverne avec le suffrage universel, si peu que ce soit, qu'en le falsifiant, ou en le dupant, ou en le terrorisant.

Un gouvernement électif s'abandonne à tous les courants, surtout les pires. C'est le vide au centre et la tyrannie partout.

Le suffrage universel est la désorganisation politique. Étant le moyen de revendication de tous les « droits », c'est-à-dire de tous les intérêts particuliers, il est l'oubli de tous les « devoirs », entendons de tous les intérêts généraux.

Le système électif, c'est la subordination de l'intérêt national aux intérêts particuliers.

Il ne faut pas attendre des hommes plus qu'ils ne peuvent donner. Si chaque commerçant est consulté sur la réglementation de son commerce, il décidera la fraude, la falsification et le monopole ; si chaque ouvrier est consulté sur les conditions du travail, il votera pour la paresse et les plus hauts salaires ; si chaque conscrit est consulté sur le temps de service qu'il doit à la patrie, il acclamera le désarmement, et s'il est pourvu de de son certificat d'études, s'il a pris l'habitude des grands mots, du sophisme, pour se justifier, il prouvera que la patrie est un préjugé.

Les électeurs, parce qu'ils sont électeurs, revendiquent des droits, toujours plus de droits contre tous, c'est-à-dire la dispense des obligations qui sont le ciment de toute société.

Le dogme imbécile du nombre est une menace pour la civilisation. La foule se persuade que sa masse lui confère tous les droits et la dispense de savoir et de devoir.

Notre régime n'est qu'un vaste système de dispenses du devoir, de haut en bas et de bas en haut. On n'y connaît que des « droits ».

Cette préoccupation obsédante qu'ont les élus de réduire les devoirs sociaux de toutes sortes a certainement pour effet — même quand ces devoirs paraissent superflus — d'énerver la socialité, de relâcher les liens sociaux et d'accoutumer le peuple à ne se reconnaître plus que des droits.

Ne pouvant choisir, le nombre ne saurait diriger, contraindre, ni même enseigner. Il ne peut que sanctionner. C'est par la sanction morale, aussi prompte qu'énergique, qu'il agit réellement. S'il prétend à diriger, il s'égare ou il est dupe ; s'il contraint, il est tyrannique ; s'il enseigne, il est fanatique et rétrograde. Dans aucun cas, il ne peut « s'inspirer du passé pour régir le présent et préparer l'avenir », c'est-à-dire gouverner.

L'intérêt collectif n'est pas la somme des intérêts particuliers, la volonté sociale continue n'est pas la résultante des caprices individuels. L'une des fonctions du gouvernement est, précisément, de subordonner ceci à cela par la contrainte. Il doit d'abord assurer le concours en garantissant autant qu'il se peut l'indépendance. « On ne demande pas au torrent de faire sa digue », a dit de Bonald.

Quand la prétention universelle d'avoir sa part au gouvernement, à l'administration de la richesse sociale paraîtra aussi ridicule que celle de tout savoir et de tout pouvoir, on aimera mieux son métier. C'est en le perfectionnant, c'est en accomplissant sa fonction que chacun s'élèvera. Les associations, les corporations se réorganiseront. Pouvant être puissantes en possédant, elles seront responsables

II

LE PARLEMENTARISME

Un gouvernement électif et parlementaire est incapable de résister à ceux dont il dépend et aux courants confus que l'étranger peut alimenter trop aisément.

Le suffrage universel et le parlementarisme ne sont liés à aucun régime. Ils ne tiennent à aucune doctrine. Ce sont seulement des carrières faciles. Ainsi, la démagogie devient tout parce qu'elle mène à tout. C'est à qui surenchérit. On bâcle des « lois sociales » qui paralysent l'initiative et l'énergie, troublent les rapports économiques, exacerbent l'envie des pauvres et l'égoïsme des riches, attisent les haines de classes et, finalement, en flattant les plus bas instincts des foules, propagent un parasitisme mortel et livrent le pays à la ploutocratie internationale.

La République parlementaire est le pire des gouvernements pour la classe ouvrière, puisque c'est celui de tous les parasitismes. Le travail n'est fécond et heureux que dans l'ordre. Il n'y a pas de catégorie sociale qui, en fin de compte, ait plus à souffrir du désordre que celle des travailleurs. Le parasitisme éclôt dans l'anarchie, et pour prospérer, il l'entretient et la développe. C'est là, au fond, le moteur, tout le mystère du mécanisme parlementaire.

Jusqu'ici, notre administration, malgré ses vices, était bien l'armature de l'édifice. Devant la farandole politicienne, elle était ce qui dure, la tradition, l'autorité, l'ordre, sinon l'initiative, la souplesse et l'activité. Mais on lui demande trop alors qu'on la désagrège. Cette armature robuste, on la scie, on la lime de toutes parts; tous les saboteurs s'y acharnent; tout fléchit, et l'on ne cesse, néanmoins, de surélever, d'alourdir la bâtisse qu'il lui faut supporter.

Organisation implique direction, hiérarchie, discipline, continuité, solidarité. C'est le contraire du parlementarisme.

C'est le parlementarisme qui nous a inspiré la sotte terreur des forces sociales. Elles sont nos libertés réelles, et les conditions de l'ordre vivant. Il n'y a de dangereux que les libertés comprimées, tronquées, et les libertés monopolisées.

Issu de l'anarchie, le parlementarisme doit l'entretenir. Pour s'épanouir, il lui faut l'aggraver. Toute force sociale constituée lui est contraire. Il ne peut supporter rien de ce qui s'agrège et de ce qui dure. Aussi, la législation pulvérise et interrompt. Elle ne connaît que le passant, l'individu.

A l'origine et en théorie, le parlement devait avoir pour unique fonction de contrôler les dépenses de l'État. Mais les pouvoirs irresponsables ne se limitent pas eux-mêmes. Le contrôle, à son tour, pour n'être pas au-dessus de l'État, doit être contrôlé, et le contrôle du contrôle... Tout se passe, dès lors, pour le gouvernement, en législatif; pour l'administration, en écritures. Ainsi toutes les responsabilités sont couvertes ; mais c'est, d'une part, le mécanisme légal qui paralyse toute vie sociale spontanée ; de l'autre, l'immuable inertie bureaucratique.
Institué pour surveiller et restreindre les dépenses du pouvoir, le parlement est devenu une machine sans frein possible de gaspillage et de ruine. On est engagé dans la pente rapide de la surenchère et du pillage, et jusqu'à la catastrophe.

Le parlementarisme a été imaginé pour contenir les prodigalités du pouvoir : il les provoque. Il devait limiter la prépotence gouvernementale, permettre une participation plus effective de tous les citoyens à la vie politique, économique et sociale : en fait, il n'a cessé d'accroître l'accaparement étatique et de décourager ou d'empêcher toute activité spontanée. Il devait favoriser les transactions entre les diverses aspirations, être avant tout conciliateur : il a fondé une tyrannie anonyme, vexatoire, d'une infime minorité de politiciens. Il devait être représentatif, servir les intérêts vitaux du plus grand nombre : il est la chose des avocats et des journalistes.

Ce n'est pas un principe vivant, puisqu'il se contredit et épuise, en le détraquant, l'organisme social qu'il pénètre comme un virus.

Ce qui est le plus commun à une assemblée délibérante, c'est ce qui est le plus bas. La raison éclairée sera toujours en minorité.

Les vieux parlementaires se lamentent. Ils sont pour une honnête corruption, pour la modération de la démagogie électorale, — pour la chimère des chimères.

Un régime d'irresponsabilité est toujours de mensonge. Là, il n'importe que de dissimuler.

Cependant que le conservateur parvenu au pouvoir par surprise croit devoir donner des gages à la démagogie, il arrive que le jacobin nanti s'applique à défendre les institutions.

Un gouvernement, c'est la réaction ordonnée de l'ensemble sur les parties ; le parlementarisme, c'est la réaction désordonnée des parties sur l'ensemble ; un gouvernement parlementaire est un non-sens.

Par trois opérations de direction, de répression et de sécurité, au moyen de l'administration, de la police et de la justice, de l'action militaire et diplomatique, il faut qu'un gouvernement normal obtienne le concours en garantissant l'indépendance. Un parlement, surtout s'il est électif, est inapte à cette fonction essentielle d'ordre et de progrès. Il ne peut prévoir, pousser et retenir. Non plus qu'il n'obtient la coopération, il n'assure les libertés. Il est vexatoire et anarchique à la fois. Au surplus, il manque de consécration.

Gouverner n'est pas discuter, légiférer : c'est prévoir afin de pourvoir ; c'est décider. Dans une assemblée parlante, élue pour quatre ans, tous les appétits sont en compétition, toutes les basses ambitions sont en effervescence. Il n'est que de conquérir le pouvoir ; non pour l'exercer, mais pour l'exploiter.

Le régime parlementaire est un mythe. Dès qu'il essaie de se réaliser vraiment, il dévoie ou se dément. Au reste, il ne dure tant que parce qu'il se résout toujours en quelque sournoise dictature. Le plus souvent une dictature subalterne, sans responsabilité, sans unité, sans continuité, et pour le compte, non de la nation, mais d'une *maffia* de financiers, de politiciens et de journalistes.

Une dictature se redresse, un parlement ne peut que s'enfoncer toujours plus dans la démagogie. Le parlementarisme s'enfonce toujours plus dans la démagogie dissolvante, parce que c'est la loi de la maladie, du déséquilibre biologique ou sociologique, de gagner sur un organisme qu'elle débilite et affaiblit toujours plus.

Une dictature se redresse à l'user, parce qu'elle a de la continuité, de la force et de la souplesse, c'est-à-dire de la santé, et parce que c'est la nature d'un organisme vigoureux et sain de réagir immédiatement contre les mouvements divergents qui rompraient son équilibre ou l'épuiseraient.

Et cela est rigoureusement vrai pour le meilleur parlementarisme, c'est-à-dire le moindre, comme pour la pire des dictatures.

III

LES PARTIS

En politiquerie, on n'est candidat que contre quelque chose ou quelqu'un.

Une foule n'a que des émotions, et à l'ordinaire les plus basses. Ce qui la domine et l'enfièvre, ce n'est que ce qui peut être commun à tous ceux qui la composent. Par là, elle peut s'élever jusqu'au sublime enthousiasme religieux ou patriotique quand la voix des morts se fait entendre ; mais elle en vient, — combien plus aisément ! — à d'ignobles tumultes quand ce sont les démagogues qui l'hallucinent. La foule ne sait que vibrer. L'éloquence est le seul talent qu'elle apprécie bien. C'est pourquoi les élus ne sont jamais que « les représentants passionnés de ses passions ». C'est pourquoi, aujourd'hui, les bavards sont rois. De là, les partis.

Avoir le pouvoir, c'est disposer des places et de l'influence. Ainsi, on se fait des partisans, on se concilie les oppositions. Les autres sollicitent et espèrent. Mais il y en a qui pontent sur d'autres couleurs. Et ce sont les partis, c'est-à-dire la guerre civile chronique. Le suffrage universel, c'est la guerre civile.

Oligarchie, c'est anarchie systématisée.

Le nombre des tyrans, on suppose qu'il légitime la tyrannie.

Pour ceux qui mènent les partis, les citoyens ne sont que des électeurs, c'est-à-dire des instruments : ou partisans ou adversaires, matière inerte à voter ou obstacle à abattre.

Notre système électif fait tout tourner en politiquerie. Il transforme les œuvres les plus sociales en moyens de guerre pour les partis. Le pouvoir étant à qui sait s'en emparer, dès qu'un moyen peut servir, les partis l'emploient.

La guerre est l'art le plus ancien. La guerre est antérieure à l'amour, au jeu, à l'ambition. Et le suffrage universel établit la guerre civile permanente. Et cette guerre est quasi-miraculeuse : les vainqueurs bénéficient de la victoire, les vainous ne souffrent pas immédiatement de la défaite. C'est la patrie qui est l'enjeu. C'est elle qui paie les rançons. On ne pille encore que le capital amassé par les morts. Les passants du moment ne peuvent regretter que de ne pas participer au pillage. Le chemin par lequel nous retournons à la barbarie est bien aplani et fleuri.

Quand un parti est à la curée, les autres se coalisent contre lui. Un autre s'y pousse. Et ça recommence. C'est toute l'histoire du parlementarisme.

Un parti qui conquiert le pouvoir, non seulement est incompétent, mais se soucie peu de l'être. Il n'est pas nécessaire d'être un expert joaillier pour dévaliser un magasin de bijouterie. Un parti au pouvoir ne se préoccupe point d'administrer au mieux, mais d'exploiter au plus vite, car il n'est dans la place que pour un temps. Et, d'abord, il lui faut se maintenir contre ses adversaires, se venger si possible, en tout cas affaiblir, sinon anéantir, ce qui s'oppose aux profits de sa victoire ou les limite : les autres partis, mais plus encore les forces sociales, les éléments d'ordre qui résistent à la décomposition. La compétence est un de ces éléments. Un bon ouvrier hésite à saboter, un administrateur éclairé s'efforcera de limiter le gâchis.

Si, d'aventure, le politicien possède quelque compétence spéciale, il lui faut l'oublier au plus vite. Son parti considérerait sa compétence comme une trahison.

L'intérêt d'un parti s'oppose toujours, à certain moment, à l'intérêt national.

Certes, un parti peut vouloir sincèrement le mieux et parfois même y atteindre ; mais il ne le veut jamais que par ses procédés, avec son personnel, et il ne le réalise que par hasard.

Les politiciens disent bien, et avec quelle éloquence : « République, patrie, liberté, démocratie » ; mais leur destin est de nier la République, de ruiner la patrie, de juguler la liberté et d'abrutir la démocratie.

Encore que tous les partis ne soient pas des bandes d'intrigants et de forbans, les plus honorables même s'évertuent bien moins à réaliser un programme qu'à l'opposer.

La presse, liée toujours plus étroitement à la finance internationale, prend une telle puissance qu'elle se subordonne de moins en moins au pouvoir politique. Les journaux qui brassent des millions se désintéressent des fonds secrets et des piètres faveurs gouvernementales. Ils les abandonnent volontiers aux chiens maigres. C'est la presse, maintenant, qui subventionne les parlementaires. Ainsi, elle tend à exercer le pouvoir elle-même, pour elle-même, y compris le judiciaire.

On n'organise rien avec l'esprit de parti. On n'organise que ce qui dure. Et ce qui divise ne peut durer.

Le seul résultat positif des partis est de pousser et de mettre en vedette quelques personnalités. Mais ce n'est que ce qui s'aplatit, ment ou corrompt. La hiérarchie est faussée. Et il n'y a plus, vraiment, d'élite dirigeante. Des arrivistes arrivés, mais point de chefs ; des talents exploités, mais point de maîtres.

Cercle vicieux. Pour améliorer le système, il faudrait changer le personnel ; et pour ceci, il faudrait cela. L'un et l'autre s'engrènent et se soutiennent. Le personnel, parce que le système n'en peut produire d'autre ; le système, parce qu'il est la condition d'existence du personnel.

Les électeurs revendiquent des droits, toujours plus de droits, contre tous, c'est-à-dire la dispense des obligations sociales qui sont le ciment de l'association nationale. Et le positivisme proclame que nous n'avons que des devoirs envers tous ! Évidemment, les partis, avec leur ramas de griots, politiciens et journalistes, vont mieux au populaire. Là, on n'a pas la naïveté de chercher à l'élever : on le flatte de toutes manières. On entretient ses préjugés, on éveille ses appétits les plus vils, on l'abrutit de promesses saugrenues. Du moment qu'on peut vivre grassement de la politique, aux dépens de la collectivité, chaque électeur se dit : « pourquoi pas moi ? » Le suffrage universel détermine nécessairement une surenchère de contre-éducation et de destruction.

IV

LA CORRUPTION

Le pouvoir n'est qu'un moyen d'exploitation intensive pour le parti qui triomphe, — et ce n'est pas celui qui a de moindres appétits à satisfaire, ni le plus scrupuleux.

Mieux vaut encore l'exploitation en coupe réglée d'une bande que la pratique sincère du suffrage universel.

A chaque renouvellement législatif, il est constant que le niveau intellectuel et moral des élus baisse. Il n'en saurait être autrement, la surenchère qu'il faut oser pour se faire élire, l'habileté à piper les voix, les procédés à truquer les urnes sont la mesure de la fourberie, sinon de l'ignorance et de la sottise.

Comment et par quoi un pouvoir parlementaire, qui ne s'appuie que sur des élus, dont la réélection dépend des électeurs, c'est-à-dire des solliciteurs, pourrait-il résister aux sollicitations qui le harcèlent ? Le favoritisme, le népotisme, la fonctionnarisation à outrance, l'étatisation universelle, la gabegie, la concussion, ce sont les seules assises de la maison à l'envers qu'est notre parlementarisme.

Un gouvernement électif n'a ni force ni autorité. Il ne se maintient que par la corruption sous toutes ses formes. Tout son art est de corrompre en dissolvant. C'est pourquoi il tend à tout centraliser. Pour chaque service social qu'il assume, ce sont des emplois, des sinécures, des sportules à distribuer. Cela l'alimente et le soutient pour quelque temps. C'est tout le système, et pourquoi il dure.

Tacite a dénoncé l'ignominie électorale : Tout par servilisme pour obtenir le pouvoir. Et qui donc se ravale le plus, sinon le pire ? Et qui donc peut avoir un si vif désir d'être élu, si ce n'est celui qui ne serait rien s'il ne l'était pas, si ce n'est celui qui est prêt à prévariquer ? Voilà pourquoi le niveau intellectuel et moral des parlementaires baisse constamment. C'est Aristophane qui a fait remarquer que, dans une démocratie élective, les citoyens tarés ou médiocres éliminent les meilleurs comme la mauvaise monnaie chasse la bonne. Les mêmes causes produisent les mêmes effets, toujours et partout.

Non plus que la force, ce n'est pas l'adhésion libre qui soutient le parlementarisme ; mais la corruption, — une corruption à répercussions infinies.

Le système électif ne va qu'avec la corruption à tous les étages sociaux. Toutefois, c'est aux degrés intermédiaires que cette corruption pénètre le mieux. Voilà pourquoi nos politiciens ont tant d'égards pour les classes moyennes, auxquelles ils appartiennent d'ailleurs. Même les socialistes.

Aússi bien, c'est là que le socialisme d'État trouve son terrain le plus propice. Par le développement du fonctionnarisme sinécuriste d'abord.

La corruption est le principal levier. Elle va de l'élu à l'électeur, et de celui-ci à celui-là. Son procédé le plus simple est de faire payer l'État. Le budget sert d'abord à nourrir le plus grand nombre d'électeurs. On multiplie les places, les sinécures.

L'électeur veut des sinécures. On centralise donc l'administration, on tend à absorber tous les services sociaux pour créer des places. Un million de fonctionnaires, c'est la moitié du contingent électoral qui forme la majorité gouvernementale. Mais il faut toujours plus d'argent. Tous les électeurs entendent participer à la curée, cependant que la circulation se ralentit, que le crédit baisse, que les impôts s'alourdissent et que la production diminue. Alors, on légifère, on s'en prend aux possesseurs directement, et l'on dilapide le capital social.

Les gros budgets ne sont pas nécessairement un mal. Il n'y a pas de dépenses plus utiles que celles de l'État, si l'impôt, équitablement perçu, est bien employé, et c'est une manière d'éducation que de faire participer tous les citoyens à un acte vraiment social.

Le régime électif et parlementaire, pour se soutenir, multiplie, et nécessairement, les sinécures, mais non pas les services sociaux. Il est même enclin à réduire ceux-ci pour faire de la place.

Il ne saurait en être autrement. Tout le système manœuvre électoralement. Les comités préparent, les partis conquièrent, les élus représentent les vainqueurs, et les ministres répartissent les dépouilles. Les sinécures sont les plus recherchées.

Les fonctions publiques, des petites aux grandes, ne sont plus que des primes électorales. Il en est de même des distinctions et autres faveurs ; il en est de même — ô charité républicaine ! — de l'assistance.

Bien entendu, si le parlementaire a toutes les complaisances pour ses électeurs influents, il en exige, à son tour, des fonctionnaires dont l'avancement dépend de lui. Un gouvernement de parti demande donc aux fonctionnaires, qui sont ses clients, des services de partisans, — et donc contre la nation. Il est vrai que, par compensation, l'État n'a plus aucune autorité pour maintenir la discipline. Du gâchis, la tyrannie surgit toujours.

Le fonctionnaire n'admet plus qu'il doive quelque travail pour ses appointement. Il ne consent qu'à fournir, pour la galerie, quelque vague prétexte à émarger. Au fond, il se considère comme une unité de la bande conquérante qui a droit à sa part de prise. Cette part, il la veut toujours élargir, et par les mêmes procédés, non par des titres réels. Ainsi, de haut en bas, se noue une complicité tacite qui rend impossible la discipline et qui désengrène les rouages administratifs.

Il est question de limiter à 12.000 francs les gros appointements des hauts fonctionnaires. Mesure d'économie ? Non pas. Il ne s'agit que de caser un plus grand nombre d'électeurs avec des émoluments moindres. Et cela n'améliorera pas les services.

Il faut deux millions d'électeurs, sous le régime du suffrage universel, pour assurer définitivement à une bande la tranquille possession du pouvoir au moyen duquel on pressure le pays : la logique du système veut que le nombre des fonctionnaires que les producteurs français auront à entretenir aille jusque-là. On ira donc, et rapidement. Les convoitises ne se limitent point d'elles-mêmes. Quand rien ne les contiendra plus, il est facile de prévoir qu'elles s'exalteront jusqu'à tout faire sauter.

Il est surprenant qu'aucun candidat ne se soit encore avisé de ce tremplin prestigieux : la curée pour tous, la sinécure pour tous, ou la chance d'y participer par le tirage au sort. Quel tremplin !

Les premières fonctions qu'une société qui se civilise organise, ce sont celles de la police et de la justice. Ce sont aussi celles qui sont les dernières à disparaître quand une société se décompose et va mourir.

La police hésite à arrêter des apaches qui peuvent être des électeurs influents de député ministériel, sinon des candidats officiels. Les magistrats n'ont plus de principes fermes. Ils pourraient, sans dommages, être remplacés par des croupiers : rouge ou noire, acquittement ou condamnation. C'est aux politiciens qu'on s'adresserait pour les martingales infaillibles.

La fonction judiciaire est l'une des plus importantes dans une société civilisée. C'est celle qui mesure le mieux la civilisation. Il est évident que le parlementarisme l'atrophie et la détraque. Une affaire Steinheil est un effrayant symptôme.

La monarchie avait naturellement un grand respect des compétences diverses. Il y avait, par exemple, les juridictions seigneuriales, ecclésiastiques, militaires... Or l'on sait l'indignation que soulève chez un républicain les « tribunaux d'exception ». Ce sont pourtant les plus compétents. Les tribunaux de commerce et les conseils de prud'hommes sont des « tribunaux d'exception » comme les conseils de guerre, — et cela doit être insupportable à la politiquerie envahissante.

On ne peut être bien jugé que par une corporation qui ne dépend d'aucun parti et qui est assez jalouse de ses privilèges pour être particulièrement sévère envers elle-même. Être jugé par le gouvernement ou la populace, ce n'est plus être jugé, c'est être traité comme partisan ou ennemi.

Selon Démos, l'inamovibilité est la peste ; car le fonctionnaire inamovible est indépendant. Il serait plus exact de dire qu'on lui fait croire que c'est la peste. Prenons la magistrature, par exemple. Ce n'est pas Démos qui a besoin qu'elle rende des services plutôt que des jugements. Ce n'est pas lui qui lance des émissions et qui liquide les congrégations.

La pourriture parlementaire a pénétré jusqu'aux organes vitaux du gouvernement de la nation ; l'alcool du journal et des réunions publiques a intoxiqué l'âme du peuple ; les divagations des sophistes, produits de la culture universitaire, du romantisme et du dilettantisme littéraire, ont dissous les sentiments sociaux qui forgeaient la volonté du devoir et contenaient les impulsions divergentes. Et cette anarchie politique, intellectuelle et sociale est trop profonde pour que nous puissions l'enrayer.

Il y a trop de confusion dans les esprits et aussi trop d'incertitude dans les cœurs pour qu'on puisse espérer un réveil spontané du bon sens national. Maintenant, nous ne pouvons nous arrêter qu'au bas, dans la ruine et le chaos.

Nous avons été surpris par les événements. Nous le serons encore. L'histoire a sa logique, contre laquelle ne prévalent point les sophismes.

Avant tout, il nous faut dépolitiquer le pays. C'est là l'opération la plus urgente. Nous le répétons, ce fut l'erreur monstrueuse de la démocratie naissante s'ignorant que prétendre faire contribuer également tous les électeurs au travail législatif et exécutif, à tout le moins par leurs délégués. Sans parler du ferment de dissolution qu'est un principe qui subordonne les supérieurs aux inférieurs, il en est résulté naturellement que toutes les activités sociales ont été délaissées pour celle-là, — par quoi on obtenait tout sans effort. C'est ainsi que la politiquerie a tout pénétré, dissociant et corrompant, et d'abord au détriment de la fonction politique utile.

V

L'ANARCHIE ÉTATISTE

A mesure que l'anarchie paralysait les organes sociaux les plus essentiels, il y fallait suppléer par des expédients législatifs. Le parlementarisme, qui ne saurait remplir aucune des fonctions d'un gouvernement, au lieu d'arrêter l'anarchie, s'est appliqué à généraliser les expédients. Il a légiféré sur tout et contre tout, il étatise de plus en plus.

En s'attribuant les fonctions qui ne lui conviennent pas, l'État néglige nécessairement celles qui lui sont propres. Ainsi, le parlementarisme est un creuset de dissolution ; il crée le chaos au centre du vide. Tout ce qui était la France est dans le chaos central. Au delà, bientôt, il n'y aura plus rien, — sinon des électeurs et des contribuables.

Tous les Français ne sont pas anarchistes intégralement, dans tous les cas et toujours : ils le sont chacun par quelque côté, dans certaines conjonctures, à leur moment. Le malheur est qu'au lieu que ce soient les lois qui contiennent ces accès d'hystérie, ce sont ces accès qui influencent le plus les parlements dans le travail législatif.

Moins il y a d'exécutif, plus il y a de législatif. Depuis 1871, nous avons été surchargés de plus de 100.000 lois, ordonnances et décrets nouveaux.

Toutes les prétendues réformes législatives qu'on déclare urgentes ne sont le plus souvent que des remèdes empiriques. Pour atténuer les effets d'un désordre social, on alimente la cause, ce qui nécessite ensuite d'autres dispositions légales tout aussi inefficaces et pernicieuses.

De même que le scientisme et l'athéisme conduisent tant d'esprits désemparés aux épaisses stupidités du spiritisme et de l'occultisme, de même l'anarchisme achemine à l'étatisme universalisé, — ce qui n'est donc pas incompatible comme on pourrait croire.

La richesse n'est du capital productif que si elle est assez concentrée. Éparpillée, elle se dissipe, elle est stérile. Or notre système politique ne se prête que trop à la dispersion où tendent l'égalitarisme stupéfiant et l'individualisme dissolvant. D'abord, par notre régime successoral; ensuite, par l'impôt toujours croissant, qui absorbe le cinquième des revenus et tout capital en moins d'un demi-siècle; les folles dépenses du faste des parvenus et de la scandaleuse coquetterie des femmes; enfin, par une législation de plus en plus démagogique.

L'erreur de l'étatisme, c'est de poursuivre l'ordre dans les détails ; il n'est que dans l'ensemble.

La méconnaissance des plus élémentaires principes politiques suscite cette foi naïve aux mesures législatives, qui est analogue à la croyance aux gris-gris chez les nègres.

Du train dont nous allons, et avec les nécessités budgétaires croissantes, attendons-nous quelque jour à voir établir un impôt sur les étreintes conjugales ou autres. Quelque Lycurgue radical-socialiste doit y avoir déjà pensé. Peut-être même une ligue s'organise-t-elle pour nous « réformer » là-dessus. C'est la maxime de nos politiciens : on les « réforme », ils paieront.

De par l'imposante royauté du mastroquet, de par l'alchimie merveilleuse du suffrage universel, il est entendu que nos « honorables » en savent plus que tous les siècles et qu'ils sont qualifiés pour prescrire à Juliette comment elle doit aimer Roméo.

Nos législateurs n'ont aucune compétence législative. Ce qui ne les empêche pas — au contraire — de légiférer à outrance. Au reste, la plupart des lois promulguées ne sont que des lois de circonstances, le plus souvent des faits de guerre parlementaire, — ruses défensives ou razzias offensives. Il s'agit d'alimenter son parti ou d'affaiblir les partis d'opposition. Comme on a paralysé toute la vie sociale, il faut aussi y suppléer par des expédients.

Aucune vraie réforme sociale n'est aisée, aucune n'est simple. Dans la société tout est lié, et parfois certains maux à certains biens. Il est facile de rédiger une loi et de la voter, il ne l'est pas d'obtenir les résultats qu'on se propose et surtout d'éviter ceux qu'on devrait appréhender. Il est facile de faire des phrases, il l'est moins de penser juste, et moins encore d'agir efficacement. Il est facile d'écraser d'impôts les contribuables, il ne l'est pas de les contraindre à les payer et de leur donner la possibilité de les payer.

La coercition et la prohibition atteignent rarement le but qu'elles se proposent et leurs répercussions imprévues sont souvent néfastes.

Nulle alchimie législative ne peut faire de la prospérité avec de la paresse et de la méfiance, de l'ordre avec des conflits de parti.

Tout l'empirisme législatif consiste à pallier les effets de l'anarchie en aggravant les causes.

Toutes les prétendues réformes qu'inspire la métaphysique individualiste consistent surtout à préserver l'individu des conséquences de ses fautes sociales. Et donc les fautes se multiplient, les conséquences s'aggravent, l'individu devient de moins en moins apte à se conduire lui-même...

Si elle ne s'appuie sur des forces sociales, sur la continuité et la solidarité, la loi est une fiction qui ne vaut que pour parfaire la destruction ou masquer la violence.

Les lois n'ont pas besoin d'être écrites. Elles ne sont efficaces que par leur ancienneté. Ce sont alors les résultats précieux de l'expérience sociale.

L'anarchie n'a aucune vertu médicatrice. Elle ne secrète que des toxiques. Elle n'a d'autre propension que d'empirer.

Jusqu'ici, en France surtout, jamais les hommes n'avaient manqué aux circonstances. A considérer ceux qui restent au premier plan, il semblerait que notre race ait tari sa sève eugénésique et ne puisse plus produire que des bavards, des basochiens retors, des boutiquiers grippe-sous et des ronds-de-cuir décorés. Cependant nos admirables soldats prouvent le contraire. Dans ce qui fut « le plus beau royaume sous le ciel », il naît encore des hommes ; mais ils s'ignorent et on les méconnaît, ils ne sont rien, ils ne peuvent rien. Tout ce qui affirme du caractère est exclu, traité en pestiféré. La sélection s'effectue à rebours. Aujourd'hui, un Richelieu serait tout au plus un obscur ecclésiastique qui aurait à supporter les brimades, les vexations d'un sous-préfet ; un Carnot serait bafoué et destitué par quelque Aliboron infatué. Pourtant, ils n'en seraient pas moins Richelieu et Carnot.

Il n'y a de grands praticiens politiques que dans l'ordre. Dans la pétaudière parlementaire, que pourrait bien faire un Richelieu ? Seuls, les fantoches et les forbans ont à y jouer un rôle. Et ils s'en donnent.

Les praticiens sont surtout des empiriques. Mais quand le dynamisme social est suffisant, leurs erreurs n'ont point de trop graves conséquences, cependant que les vérités fécondes produisent tous leurs bienfaisants effets. Dans une société épuisée et détraquée, il en va tout autrement. Il n'y a plus aucune défense ni aucun concours, et c'est le mal qui se propage, le bien qui est inefficace.

Un organe ne remplit bien une fonction que s'il est spécialisé, dressé et adapté, et s'il ne se peut développer qu'en la remplissant mieux encore.

Le désintéressement, l'amour, le bonheur ne sauraient se décréter.

La liberté est une puissance, et donc une force. Toute force se disperse et s'épuise en vain si elle n'est concentrée et si elle n'a son point d'appui. Quand il n'y a plus ni limitation, ni lien, ni assise, il n'y a plus de liberté, et cela n'aboutit pas au collectivisme, qui peut, à la rigueur, être un régime social inférieur ; mais à l'étatisme.

Le gouvernement qui n'est plus l'administrateur impartial de la nation, le protecteur des libertés, mais la chose d'un parti victorieux, commandité par la haute finance et à son service, le gouvernement ne supporte plus, au-dessous, qu'une multitude d'individus épars. Ainsi, les organisations que n'avait pu détruire d'un coup la rafale révolutionnaire ont été dissoutes peu à peu par les gouvernements monarchiques ou républicains qui se sont succédé depuis. La famille elle-même, en ces derniers temps, a été attaquée. C'est que toute organisation est une force, toute force une possibilité d'agir, donc une liberté, et qu'un gouvernement faible et corrompu, quoique tyrannique et irresponsable, ne se peut maintenir contre aucune liberté réelle. Une famille fortement constituée, c'est déjà, pour lui, un État dans l'État.

C'est l'étatisme parlementaire, jacobin, qui supporte le moins l'action libre ; c'est sous le régime du suffrage universel que l'opinion publique a le moins de jeu. Le parlementarisme ne tiendrait contre aucune liberté positive. L'opinion publique est donc dispersée par les intérêts particuliers et antagoniques. Si elle parvient à se former, à l'occasion d'un événement extraordinaire, elle ne peut faire pression sur une masse d'élus irresponsables. Tout s'emploie à l'égarer et rien à l'éclairer. On lui fait croire, d'ailleurs, qu'elle s'est suffisamment exprimée, en une fois, sur tout, au moment des élections.

L'armée n'est pas qu'une force guerrière et policière. C'est aussi une force morale. Et aussi bien, c'est comme force morale que nos politiciens la redoutent et la haïssent.

Ce système ne gouverne pas des forces, il ne subsiste que par le gâchis, il ne dure que par l'universelle lâcheté. Bourgeois imbéciles, jouisseurs et rapaces, intellectuels vaniteux et sots, fonctionnaires mollusques, travailleurs sans intelligence et sans vertu, tous lâches, ayant horreur de l'initiative, de l'effort, des responsabilités, et, depuis qu'ils bafouent l'enfer chrétien, tremblant dans leur peau de tous les enfers imaginaires ou grotesques qu'ils se sont inventés.

Présentement, tout est confondu. Il n'y a plus de catégorie. Chacun est propre à tout, sans préparation. Il ne s'agit plus que viser et atteindre. La plus grande énergie se dépense à solliciter, à jouer des coudes. Il n'en reste plus pour apprendre son métier. C'est l'arrivisme. C'est l'examinomanie, le pistonnage, l'épargne stérilisante. C'est le rond-de-cuirisme, l'encombrement des carrières libérales.

Nos maîtres actuels ne sont forts que de notre faiblesse et de notre stupidité devant leurs ruses.

La moindre force sociale les fait trembler, et ils ne résistent à aucune influence. La ploutocratie se soucie peu des élections, et c'est elle qui commande en fait. La sociocratie pourrait autant, plus encore, si elle se formait enfin.

Quand on donnait tout à l'argent dissolvant, on invoquait la « liberté », l' « égalité » et la « fraternité » ; quand on propageait un bestial matérialisme, il n'était question que de « progrès » ; quand on rompait toute continuité, quand on reniait les morts, quand on désagrégeait la famille et tous les groupes sociaux essentiels, il s'agissait de dispenser les « droits de l'homme ». Et là-dessus, nous nous laissions piller et brimer.

Incapable de remplir son propre office, un gouvernement parlementaire ne se peut maintenir qu'en absorbant les activités sociales, en dissolvant les libertés réelles. Monopoliser l'instruction et l'éducation lui est indispensable pour former de bons électeurs. C'est diminuer encore la famille, c'est dénaturer l'école ; mais, par là, on maintient une anarchie profitable.

L'étatisme jacobin, en paralysant toutes les activités sociales, a aboli la plupart des réactions naturelles de l'opinion publique, qui ne se produisent plus que pour les choses équivoques ou ridicules dont la politiquerie se désintéresse : la mode féminine, par exemple, le ton mondain, tous les snobismes... Notre sotte soumission, ici, montre assez que nous avons toujours le vif désir de la louange et la crainte de la réprobation publique.

En se décomposant, la société française ne constitue plus qu'une masse amorphe d'individus, sans lien, sans autre durée que les étroites limites de l'éphémère existence de chacun. Au-dessus de ce troupeau incohérent, voué à une impuissance lamentable par l'antagonisme des intérêts, le conflit des idées, le heurt des passions, qui ne sait où il va, où il veut aller, où on le mène, le gouvernement tout-puissant, non d'une force vive, qui discipline d'autres forces, mais de la langueur universelle.

La confusion jacobine et socialiste du spirituel et du temporel aboutit à la rétrograde négation du spirituel, et c'est, au demeurant, toute l'anarchie.

Tout le progrès politique consiste à substituer l'autorité persuasive à l'autorité impérative, et donc d'abord à les séparer nettement. Le jacobinisme qui les confond est une rétrogradation sur le catholicisme qui les avait sagement distingués.

Tout gouvernement qui prétend à enseigner, nous dit Auguste Comte, est « perturbateur et arriéré ». Mais s'il n'était anarchique, dissolvant et régressif, un gouvernement parlementaire ne tiendrait point. C'est pourquoi il s'oppose, contre toutes les libertés de la civilisation, à l'ordre comme au progrès. Au surplus, abrutir les électeurs est la dure nécessité du régime électoral.

Le progrès est dans le sens de la liberté. Il n'y a pire tyrannie que le jacobinisme, parce que c'est la tyrannie illimitée, sans responsabilité. Dans la théocratie, à laquelle le catholicisme avait mis fin, cette tyrannie était au moins contenue par la crainte d'un Être suprême et elle avait toujours quelque grandeur. On l'a dit : la pire des théocraties, c'est l'athéocratie.

Par le gaspillage des surenchères électorales, la curée des partis, l'incompétence de la direction, le système représentatif ruine la nation. Ne se maintenant que dans le chaos et la langueur civique, il s'oppose à la constitution des libertés positives, à la formation des corps organiques, à toute vie sociale. Les forces d'ordre lui sont ennemies, que ce soient l'Église, l'armée, la famille ou les associations. Il politicise, il absorbe, il désagrège les activités organisées. Bref, il est corrompu, corrupteur et anarchique. Il dissout et il abêtit, il rançonne et il avilit. Il ne saurait accomplir aucune des fonctions d'autorité : il ne pousse ni ne contient, il ne règle ni ne redresse, il ne fait pas concourir et converger, il ne peut subordonner les intérêts particuliers dont il émane à l'intérêt général dont il n'est pas responsable. Il ne gouverne pas. Un gouvernement est une direction. Une direction est toujours personnelle.

VI

POUR LA DICTATURE

L'État s'effondre quand il est livré aux seuls représentants des intérêts privés et immédiats ; la société se dissout quand le nombre n'accepte aucune règle et l'argent aucun devoir.

C'est l'anarchie qui supprime toutes les libertés et c'est le pouvoir fort qui est à même de les protéger.

Il ne suffit pas d'être une force si elle n'est plus grande que la résistance.

Tous ne peuvent gouverner tous. La direction vient toujours d'un point, l'autorité émane toujours d'un seul. La direction dispersée, c'est le désordre ; l'autorité partagée, c'est le conflit.

L'unique supériorité de l'Allemagne fut d'être gouvernée.

Substituer chez les gouvernants le souci de l'intérêt public à celui des intérêts personnels en subordonnant la politique à la morale, c'est bien ; mais il est plus sûr pour le pays que l'intérêt public n'exige point de trop lourds et constants sacrifices à l'intérêt personnel du gouvernant, et c'est dans le pouvoir positif, semble-t-il, et donc continu et responsable que ces deux intérêts s'opposent le moins.

Ce n'est pas la personnalité du chef qui importe le plus, c'est d'abord qu'il y en ait un, et ensuite qu'il connaisse et puisse appliquer les principes d'ordre public sans lequel aucun progrès n'est viable.

Un système qui n'a pour ressort que le nombre et l'argent favorise automatiquement le médiocre quand ce n'est le pire.

Suivant de Bonald, « les bonnes institutions rendent les hommes meilleurs », et c'est même à leur puissance éducatrice, bien plus qu'aux intentions qu'elles manifestent, à leur logique, ou même à leurs résultats apparents, qu'on reconnaît qu'elles sont bonnes.

De tous temps, les efforts des gouvernés ont aussi bien tendu à exalter qu'à modérer le pouvoir absolu, suivant les circonstances sociologiques et les courants psychologiques. Au fond, le peuple, guidé par un sûr instinct organique, n'a jamais eu de répugnance spontanée et tenace pour le vrai despotisme. C'est toujours la plèbe, faisant taire les bavards, qui acclame l'homme d'action.

Dans la phraséologie révolutionnaire, le « pouvoir personnel » n'est jamais assez honni. C'est pourtant le seul qui soit responsable, qui se puisse sanctionner et régler. La pire tyrannie est celle des syndicats d'affaires, des factions, d'une oligarchie anonyme, insaisissable. Elle est sans limite.

On se trompe quand on croit que le pouvoir personnel implique l'arbitraire, l'absolutisme. Le contraire est plus exact. Plus l'autorité est concentrée, plus elle est sensible aux pressions de l'opinion publique. Reste, il est vrai, à éclairer et guider cette opinion.

Non seulement la dictature doit être limitée, par toutes les activités sociales réorganisées, à la fonction politique qui lui est propre ; mais encore tout pouvoir temporel quelconque doit être conseillé, consacré et réglé par le pouvoir spirituel, entendons la réaction normale de l'intelligence et du sentiment sur la force. Cette dictature n'est donc point l'extension indéfinie de l'autorité matérielle, mais sa nette détermination. Le parlementarisme confus ne dispose réellement d'aucune énergie positive ; mais comme il dissout les libertés auxquelles il ne saurait résister, il les veut suppléer et il absorbe tout, il intervient dans tout. C'est la légifération à outrance, l'étatisation forcenée. Il en résulte une tyrannie tracassière et basse que nous supportons avec plus de résignation que de dignité.

Une dictature n'édicte que les lois essentielles puisqu'elle a la charge de les appliquer.

Une dictature ne change pas la nature des choses. Elle retient. Elle propulse. Elle contient. Elle remplit avec le moins de frottement et d'usure la fonction vitale de gouverner. C'est l'unité et la continuité de direction, l'exécutif dégagé du législatif, le commandement responsable au lieu des caprices incohérents d'une oligarchie anonyme.

Sans doute, celle-ci octroie volontiers la licence de jouir, de divaguer, d'exploiter, de piller, de s'enrichir contre la patrie et contre la race. C'est là son étai. D'autre part, un gouvernement dictatorial, qui assure toutes les plus hautes libertés régionales, politiques, sociales et religieuses, est tenu pour despotique parce qu'il subordonne aussitôt les intérêts privés et les commodités personnelles à l'intérêt collectif, à l'indépendance, à la prospérité nationales.

Une dictature réglée suspend les libertés dans l'intérêt de tous. Un pseudo-gouvernement parlementaire, incapable de résister aux sollicitations et aux sommations des intérêts particuliers, seuls coalisés et organisés, devient l'instrument de toutes les tyrannies, et d'abord celle de la faction dont il émane. Taine a montré ce qu'a pu être « la tyrannie jacobine ». Elle fut sans limite, parce qu'impersonnelle, irresponsable. Une cohue d'assemblée, des ministres éphémères, une bureaucratie occulte, la populace sont insaisissables. La pire autocratie a du moins ses abus et son absolutisme tempérés par le régicide.

Le primitif, jouet de toutes les fatalités, n'a pas besoin de gouvernement ; mais dès qu'il y a société, c'est-à-dire des libertés, cet organe s'impose. Et plus les relations se multiplient et deviennent complexes, plus la modificabilité apparaît, plus les libertés s'affirment et se constituent, — plus le gouvernement doit être énergique et concentré.

Il ne peut y avoir de libertés positives étendues que sous une forte autorité.

Pour une société de civilisation avancée et de libertés nombreuses, il n'y a de gouvernement normal, stable, obtenant le concours en garantissant l'indépendance, que d'un organe individuel, dictateur ou roi, réunissant le pouvoir législatif à l'exécutif, et ainsi nous préservant de la tyrannie et de l'incohérence législatives.

La condition d'une sociocratie positive, c'est l'ordre, et la condition fondamentale de l'ordre en mouvement, c'est une direction unique, continue, personnelle et responsable, — entendons une dictature.

Oui, une dictature inébranlablement établie, pour sa fonction statique propre de maintenir l'ordre ; mais que contrôle, sanctionne une opinion publique éclairée par les philosophes, disciplinée par le sentiment féminin, agissante par l'énergie prolétarienne.

Oui, une dictature fortement constituée, pour sa fonction cinématique ropre de direction politique ; mais ayant po r contrepoids les libertés puissamment organisées, d'après les mêmes principes organiques, de toutes les grandes activités économiques, politiques et sociales.

Reconnaissons-le enfin, la démocratie ne dispose point du miracle. Elle ne peut être que ce que nous la faisons, elle est soumise aux conditions d'existence de toute société humaine.

Il n'y a pas de liberté sans société, puisque la liberté positive n'est que le développement des forces sociales, et il n'y a pas de société sans gouvernement. C'est là donc la condition fondamentale.

Le moyen de la démocratie, ce n'est pas l'arithmétique électorale, mais la revision des valeurs sociales pour un meilleur emploi de toutes les forces utilisables. La vraie démocratie aboutit à la sociocratie.

La démocratie est un mouvement d'intégration sociale. Or, ce ne sont pas des nombres morts que la société tend à intégrer, ce sont des forces vivantes. La démocratie est donc « qualité ». Elle est le maximum de forces intégrées et organisées avec le minimum de pertes et de déchet. Pourquoi ne veut-on pas que la démocratie tienne compte des valeurs ?

La démocratie a des conséquences inattendues. On n'a vraiment gouverné contre la volonté profonde des masses et les intérêts vitaux de la nation que depuis qu'a été proclamé en fanfare la souveraineté populaire.

Sous nos anciens rois, tous les Français étaient monarchistes ; sous cette république, hormis les clients, sportulaires et tenanciers qui défendent leur os, tout le monde est peu ou prou de l'opposition.

La démocratie vivante, c'est la participation de toutes les forces sociales organisées : familles, régions, associations, syndicats, universités, etc., au progrès de la société tout entière, c'est-à-dire au développement de l'ordre.

Une responsabilité précise rectifie les humeurs individuelles. Les forces sociales qui forment notre volonté sont autrement puissantes que les associations d'idées qui provoquent nos fantaisies.

Ne renions pas la démocratie. Mais définissons-la. Surtout, ne la solidarisons pas avec ses exploiteurs. Distinguons celle qui se réalise vraiment, par nos efforts, de celle des mots sonores ; celle des forces vives qui s'intègrent de celle du nombre amorphe qui s'agite.

Plus la société est complexe, plus le gouvernement doit être spécialisé et perfectionné. La démocratie, par le jeu des libertés dont elle vit, est une société extrêmement complexe. Elle exige donc, comme tous les systèmes très complexes, une direction politique unique, continue, indépendante et responsable, limitée strictement à sa fonction propre.

Si, dans une société aussi complexe que la nôtre, pour déterminer un concours de mieux en mieux réglé avec une liberté de plus en plus large, il importe que le gouvernement réunisse dans un organe individuel le pouvoir législatif et le pouvoir exécutif, il n'importe pas moins que cette dictature soit indépendante par la perpétuité et une transmission normale qui découragent nettement, à jamais, toute ambition discordante, toute intrigue et toute agitation politiciennes ; qu'elle soit assurée de l'efficacité de son effort et prenne conscience de sa responsabilité morale par la continuité.

L'absence de contraintes extérieures permet la liberté, mais elle ne la constitue pas. Ce n'est pas une liberté que celle de divaguer.

La liberté n'est pas l'arbitraire.

Les libertés, ce sont des forces sociales organisées. Une force n'est limitée que par une autre force. Donc, loin d'être contraire aux libertés qui, seules, vivifient la démocratie, la dictature leur est indispensable.

Ou dictature républicaine, ou réaction monarchiste : tout le reste est impasse. Il nous faudra toujours en revenir là. Si nous repoussons Cromwell, nous aurons Monk. La société française ne se peut laisser périr.

La tradition est ce qui se continue. Si elle était tout ce qui fut, sans tri, en bloc, nous ne serions que des ombres. Or, il y a ce qui passe et ce qui dure. Il y a le fait contingent et il y a la loi nécessaire. Cela est le roi et ceci est la mono-cratie, c'est-à-dire une direction politique unique, continue et responsable.

Un germe a plus de possibilité de lever que la poussière de reprendre forme. En tout cas, ce qui a été, quand il y a eu rupture complète, ce qui, à un moment, n'a pu subsister de soi-même, n'a pas plus raison de reparaître que d'être ce qui n'a pas été encore.

L'hérédité ne laisse point d'avoir ses inconvénients. Dans les lignées royales, les fous, les imbéciles et les criminels ne sont pas rares. Dans toutes les familles régnantes, on peut même soutenir que la dégénérescence est de loi. Si la royauté a fait ce chef-d'œuvre social d'ordre, de beauté et d'humanité qu'est la France, malgré les Charles VI et les Louis XV, c'est qu'elle s'inspirait des meilleurs principes politiques. Retenons ces principes ; mais, pour le reste, tâchons d'éviter les risques d'accidents. Et il est évident que l'hérédité sociocratique, le choix du successeur par le détenteur même du pouvoir, y réussit autant qu'il est possible. Il a, d'ailleurs, de belles expériences pour lui, comme l'indiquaient Auguste Comte et Pierre Laffitte : la série des Antonins, celle des papes qui ont suivi et précédé Grégoire VII ; et, en France, la succession des trois grands ministres : Richelieu, Mazarin et Colbert.

Le néo-royalisme a de la cohérence, de l'audace, le souci des réalités vivantes, et il est ardent. Mais il gaspille toutes ses facultés dans une agitation d'opposition stérile et il ne vise qu'à s'emparer, par tous les moyens, du pouvoir politique. Le roi ? Est-ce que cela répond à tout ? Ce serait trop facile. Il n'y a plus de mot magique, ni de « coup » miraculeux. Même en supposant que ce soit la solution politique, il resterait l'anarchie intellectuelle, morale et sociale. Faut-il rappeler que c'est sous la monarchie qu'elle a germé ?

Qui réclame « l'unité de direction », « le respect des compétences », « un gouvernement » ; qui s'irrite de « l'inertie bureaucratique », de

« l'irresponsabilité administrative », de « la paperasserie », etc..., il condamne l'élection et le parlementarisme dans leurs conséquences directes. En voulant les avantages d'un gouvernement qui gouverne, on veut les conditions d'existence, et de fonctionnement de tout gouvernement effectif, qui est un organe spécialisé de « réaction de l'ensemble sur les parties » ou n'est rien.

Pas de candidats, pas de partisans, pas de parti. S'en tenir aux seuls principes positifs. Les enseigner. Rallier les adhésions, organiser les forces qui interviendront au moment voulu. Les circonstances feront surgir l'homme qui ne sera pas, alors, l'instrument d'un syndicat d'intérêts, d'ambitions et de haines.

La république sera dictatoriale, monocratique, ou elle ne sera pas.

Quand le désordre sera à son comble, quand il n'y aura plus ni sécurité, ni bien-être, ni liberté, quand chacun sentira dans sa propre chair, à tout instant, le mal social, alors il nous restera peut-être encore assez d'intelligence pour apercevoir le gouffre et assez de ressort pour réagir congrûment et reconstituer la société française. Par la souffrance, nous réapprendrons le bon sens. Dans la barbarie, nous reconnaîtrons ce que vaut la civilisation. Par le fait, nous nous instruirons des principes essentiels de la politique positive. Et la bonne terre nourricière de France fera le reste.

VII

DU PROGRÈS SOCIAL

Les innombrables théories sophistiques que notre indescriptible anarchie morale fait éclore ont pour fin réelle de justifier les pires instincts en brisant tous les obstacles que des siècles de civilisation avaient dressés pour les contenir.

Si nos prolétaires, au lieu de négliger les réalités vivantes pour suivre leurs décevantes chimères, exigeaient leur participation effective à l'action coloniale, ils s'instruiraient comme il convient au contact des peuplades sauvages. Ceux qui reviendraient du Mossi ou du Baoulé pourraient dire à leurs camarades ce qu'est une société anarchiste ou collectiviste et ce que vaut, malgré ses misères et ses abus, la société française qu'ils veulent détruire.

Nous dissocions tous nos groupes sociaux organiques, et puis nous essayons de les reconstituer avec des éléments inertes ou avec des mots vides. Et nous appelons cette destruction systématique et cette pénible caricature le progrès !...

Quel que soit notre penser sur les choses de la terre et du ciel, sur nos représentations du pouvoir ou du devoir, si nous sommes des patriotes, non des partisans; des volontés bonnes, non des instruments, nous aspirons tous au même bien public, nous poursuivons tous, plus ou moins illuminée, la même beauté.

Un organisme épuisé, comme la société française, qui a une longue accoutumance du poison ne se désintoxique pas brusquement. Il faut des précautions.

L'agitation réformiste ou révolutionnaire n'est pas la volonté de progrès. Car le changement, qui consiste le plus souvent à attendre des lois impératives les solutions réservées aux mœurs, n'est pas le progrès. Trop souvent, il est le contraire.

L'indépendance et le progrès ne sont que les éléments d'une vie plus intense, tandis que le concours et l'ordre sont les conditions essentielles de l'existence sociale.

Les libertés positives ne sont possibles et le vrai progrès ne se réalise que lorsque l'ordre est établi.

La liberté est une adaptation volontaire.

Dans notre barbarie d'argent, où l'argent est tout, il y a des situations angoissantes. Mais celui qui cherche à rétablir les conditions de l'ordre ne doit pas se laisser distraire par la pitié. Il y a des victimes nécessaires. Il faut se résigner. Autrement, l'on se dépense dans une vaine agitation philanthropique ou l'on s'affole dans la révolte. Pour quelques atténuations dont notre conscience se satisfait, — oh ! si facilement ! — on prépare des catastrophes.

La misère est une défense de la société comme la douleur est une défense de l'organisme physiologique.

Que rien ne grandisse que par l'angoisse, ne s'unisse que par la peur et ne se purifie que par la souffrance, c'est toute la misère humaine.

On ne donne le maximum d'efforts que sous l'aiguillon du besoin ; on ne s'instruit, on ne se redresse que par les épreuves.

L'homme va jusqu'au bout de ses aberrations tant qu'il n'en pâtit pas trop directement. La gêne le ramène durement à une plus juste appréciation des nécessités de l'existence sociale. Les lois de la politique positive se vérifient toujours. Elles ne supportent pas d'être transgressées.

Tout l'héroïsme du monde ne changera rien aux inflexibles lois qui régissent les sociétés humaines. Ni nos désirs, fussent-ils unanimes; ni les discours, fussent-ils grandiloquents. Il n'est pas de miracle qui dispense de peiner, de se soumettre, d'agir et de se dévouer.

Il n'est pas de citoyen français, écrivain ou orateur, qui ne se fasse, aujourd'hui, le champion de quelque droit. C'est par là qu'on attire l'attention des foules. Les « chevaliers de la circonstance » en découvrent tous les jours d'inédits, et il n'en est pas un qui ne soit une rupture d'un lien social.

Ces conquêtes, faciles, sous un régime d'irresponsabilité et de corruption, se réalisent nécessairement sur la société même. Nous sommes une génération de fils de famille prodigues, et c'est au fond le droit de gaspiller le capital accumulé par nos ancêtres que nous revendiquons si âprement.

Lorsque tous les « droits » auront été reconnus, lorsque rien ne reliera plus les Français à un ensemble continu, lorsque l'individu errera dans le chaos des ruines amoncelées, hostile, sans sécurité, sans liberté, sans amitié, sans espérance, peut-être comprendrons-nous alors ce que valait la société française et mettrons-nous autant d'ardeur à la reconstituer qu'aujourd'hui de fureur à la détruire. Ce sera d'abord nous reconnaître des devoirs.

Les polémiques n'ont jamais résolu un problème. En France, elles font beaucoup de mal, car elles s'en prennent toujours à quelque grande force sociale. C'est la lourde rançon de la liberté.

Bossuet avait observé que ce qu'on veut rendre faible à faire du mal et à opprimer devient impuissant à faire le bien et à protéger. Abolir toute autorité politique, brider toute initiative administrative, c'est évidemment en finir avec les abus du pouvoir ; mais c'est risquer les calamités de l'anarchie. Mieux valent les abus inévitables.

La paresse épuise plus vite une race que l'excès de travail ; une trop longue paix anéantit plus sûrement un peuple que la guerre constante. C'est la loi universelle. Se révolter contre cette loi de la vie est fou, la contester est puéril, s'y soumettre, en tirer pour soi, pour sa race, pour l'Humanité tout ce qu'elle peut donner est sage.

Il est de loi, en sociologie comme en biologie, que l'inertie atrophie, que la protection rend les faibles de plus en plus faibles.

L'énergie sociale s'enrichit de se dépenser.

Un principe social est toujours éducateur et producteur de sa propre énergie d'expansion.

Quoi, la force, toujours la force ? Eh oui ! Ce que nous pouvons, et nous le pourrons seulement dans la mesure où nous serons forts, c'est en modifier les manifestations, les régler, les humaniser. Qu'elle ne soit plus exclusivement brutale, en se bornant à supprimer ce qui est faible, inutile, inférieur ; qu'elle laisse au temps le soin d'emporter les déchets de la vie, qu'elle s'emploie à fortifier, à utiliser, à élever, qu'elle devienne intelligente, — n'est-ce pas là, dorénavant, l'idéal de la civilisation occidentale ?

L'ordre dans la nature comme dans la société est un équilibre de forces, la vie est un jeu des forces, la vie est action. On ne renonce à se développer, à agir, qu'en acceptant de disparaître. Toujours, la nature condamne à mort l'inertie et la lâcheté.

La sociologie nous enseigne que les lois sociales, les conditions de l'ordre ne changent pas. A travers les temps, sous tous les régimes, l'effort social efficace consiste d'abord à maintenir ces conditions nécessaires. Quand on y manque, ce n'est pas un ordre nouveau qui surgit, c'est la société qui disparaît.

Si les sociétés n'évoluaient pas sous l'impulsion des volontés profondes et continues, d'après des lois qui échappent aux caprices des foules, aux intérêts particuliers, aux ambitions des avocats, aux rêvasseries des prolétaires et aux nuées des intellectuels, elles ne résisteraient pas longtemps à tant de ferments de décomposition.

Le travail, comme la richesse, est social dans sa source. Il doit l'être dans sa destination. L'ouvrier n'a pas plus de « droits » au produit de son travail que le riche à ses revenus. Il n'y a que des devoirs. Nous devons tout à la société : depuis l'outil inventé par notre plus lointain ancêtre et qui multiplie la productivité du travail jusqu'aux terres défrichées, aux villes aménagées, aux trésors d'art et de science accumulés par les âges précédents, jusqu'aux derniers perfectionnements techniques, dus bien moins au savant d'aujourd'hui qu'à la succession de tous les chercheurs qui, à travers les siècles, se sont passé le flambeau et se sont transmis les résultats additionnés de leurs expériences. Nous devons tout au passé, aux morts ; et ce que nous devons, il nous le faut restituer à l'avenir, à la postérité, — avec notre apport, par quoi nous survivrons.

Entre une démocratie anarchique et une aristocratie rétrograde, le positivisme se propose d'instituer une sociocratie organique.

Une réforme ne vaut qu'autant qu'elle est vivifiée par les mœurs et qu'elle correspond aux institutions essentielles.

Le Coran a atteint la vérité éternelle et infinie des plus belles paroles évangéliques en disant : « Si quelqu'un de vos esclaves vous demande son affranchissement par écrit, donnez-le lui si vous l'en jugez digne. Donnez-lui quelque peu de ces biens que Dieu vous a accordés » (XXIV, 33).

Pour notre part, nous n'en savons pas d'une psychologie plus pénétrante et d'un amour plus clairvoyant de la grandeur humaine. Oui, en vérité, la liberté de l'esclave, toutes les libertés, d'ailleurs, dépendent bien moins de l'arbitraire d'un maître ou de l'ingénieuse libéralité d'une loi que de la volonté consciente de l'opprimé lui-même. Présente ta requête par écrit, c'est-à-dire : apprends à écrire, fais un effort pour t'élever à la dignité d'homme libre, aux responsabilités graves de la liberté, à ses devoirs, et nul ne pourra te reprendre une liberté décrétée par ton vouloir.

Tout est à reconstituer. Mais notre génération aura fait assez si, après avoir refoulé les Barbares du dehors, elle contient ceux du dedans, si elle retrouve les bases sociales, les raisons de l'ordre, si elle transmet à sa descendance meilleure sa pensée plus lucide, sa volonté plus ferme, son sentiment du devoir et de l'honneur plus vivace, son âme plus haute.

Il n'est pas de solution partielle aux problèmes sociaux. L'ordre temporel crée et maintient les institutions, et celles-ci élaborent l'ordre moral qui les anime.

VIII

LE SOCIALISME

Les groupements de fortune que sont les écoles, sectes, coteries et partis, formés surtout de présomptueuses ignorances, de passions médiocres, d'intérêts et de complicités, ne peuvent ni ne veulent une reconstitution sociale sérieuse.

Sous un beau nom, le socialisme n'est plus qu'une chose vague, équivoque, confuse, incohérente et malsaine. Il y a autant de socialismes que de socialistes, — et même plus. Tout est du socialisme, — et le pire. Bebel a dit : « Il a gagné en largeur plus qu'en profondeur. » Il serait encore plus exact de dire : il a gagné en largeur ce qu'il a perdu en profondeur, et il a tellement gagné en largeur que ce n'est plus qu'une surface.

Ne sachant en réalité ni ce qu'il veut, ni ce qu'il peut, il n'est rien de vivant que le socialisme ne nie et il n'est rien qu'il n'attaque par quelque côté.

Si donc nous voulions exprimer objectivement, en une formule assez compréhensive, toute l'action du socialisme dans son ensemble, nous dirions : en proclamant la conciliation de tout ce qui pourra être, même ce qui est incompatible et inconciliable, il s'oppose universellement à tout ce qui est. Il n'est plus qu'une démagogie.

Le suicide des deux filles de Karl Marx atteste par le fait, symboliquement, l'incapacité morale du socialisme.

Toute utopie communiste se ramène à ceci : ou l'État représenté par des individus s'empare de l'avoir social, ou cet avoir est réparti entre tous.

Dans le premier cas : avec un gouvernement effectif, une dictature, ce serait une exécrable tyrannie ; avec un gouvernement parlementaire, ce serait une dilapidation qu'atténuerait bientôt, il est vrai, la formation d'une classe de nouveaux riches, plus dure, moins consciente de ses devoirs que celle qui aurait été dessaisie.

Dans le second cas, de partage soit légal et graduel, soit brutal, ce serait la pulvérisation, c'est-à-dire la destruction du capital productif.

Mais le machinisme ne se renouvelant plus, la division et la spécialisation du travail se désorganiseraient. De toutes façons, la consommation aurait tendance à dépasser la production. Comme l'ancêtre de l'âge de pierre, chacun vivrait au jour le jour, pour soi, n'ayant d'autre préoccupation que d'apaiser sa faim.

Le socialisme rapporte tout à l'économique, qu'il conçoit, par un seul côté, grossièrement. Son dogme de la lutte de classe est une absurdité flagrante. Le plus souvent, il ne se maintient même pas à ce niveau inférieur, et les soucis de ses profits électoraux le font descendre jusqu'à la plus basse démagogie. Les bohèmes du boulevard, les avocats sans causes, les médecins sans malades et les journaleux faméliques sont socialistes comme, il y a quelque vingt ans, ils étaient radicaux.

Comme la parure a précédé le vêtement, le social est antérieur à l'économique et le domine ; et plus le social s'élève et se complique, moins l'économique a d'importance en proportion.

Les socialistes actuels n'oublient qu'une chose : c'est que la société ne s'est pas faite pour manger plus et bambocher. L'association commence avec la vie de relations et non avec la vie de nutrition.

L'utilité immédiate a eu peu de part dans l'évolution de l'Humanité. Ce n'est pas la nécessité de se protéger contre les intempéries qui a donné l'idée de se vêtir. Le jeu a précédé le travail ; avant de se couvrir, l'homme s'est tatoué, bijouté, emplumé, paré.

Il n'y a aucune évolution économique fatale. Comme tous les matérialismes, le fameux matérialisme historique, malgré ses prétentions scientifiques, est de la plus absurde métaphysique. Il est beaucoup plus éloigné de l'esprit positif que la conception d'un Bossuet.

Si la concentration de la propriété terrienne était aussi rapide et inéluctable que l'affirment les socialistes quand ils sont doctrinaires, les mêmes socialistes, quand ils sont des politiciens candidats, ne feraient pas tant d'avances aux petits propriétaires.

Oui, c'est le travail qui crée la richesse ; mais l'effort individuel, même avec tous les moyens dont on dispose maintenant, ne saurait en créer assez pour que cette richesse soit entre les mains de l'artisan un capital fécond. Si l'homme avait toujours exercé le prétendu « droit au produit intégral de son travail », revendiqué par nos socialistes, et qui est aussi insensé que le prétendu « droit » d'user et d'abuser qu'invoque le propriétaire, l'Humanité n'eût pas été plus loin. Ne travaillant que pour soi, pour manger, ne laissant rien après elles que leurs déchets de cuisine, les générations se fussent succédé aussi dénuées, aussi bestiales. Il en serait encore de même : ou l'activité industrielle et agricole s'arrêterait, ou la consommation n'aurait plus de frein. Le capital de civilisation, péniblement amassé, non seulement ne s'accroîtrait plus, mais encore s'épuiserait rapidement.

Le socialisme fait de l'alchimie sociale quand il promet aux simples de fonder l'harmonie mondiale sur l'universelle inertie et la prospérité de tous sur l'indolence de chacun.

La nature crée des caractères, la société les accentue en les spécialisant. On ne progresse qu'en développant son ordre, dans son propre sens, non en nivelant, en confondant, en décomposant. Par le bas, tous les hommes se ressemblent, et cela ne les distingue guère des bêtes. C'est pourquoi le socialisme démagogique est égalitaire. Il ne voit que le bas.

L'égalisation des fortunes, la propriété morcelée, les capitaux émiettés poussent à la consommation, cependant qu'ils ralentissent la production toujours plus.

L'égalisation n'aboutit qu'à l'universelle misère de l'inertie. Car on n'égalise pas sur le haut, mais sur le plus bas. On peut le moins, facilement, immédiatement, et descendre ; non le plus, et monter au plus haut.

L'égalitarisme est une tendance purement anarchique, car toute organisation est hiérarchie, spécialisation de fonctions, intégration.

Niveler, c'est tout confondre. Et confondre, c'est annihiler les valeurs, qui sont toujours des différences. L'individualisme, en ruinant la société, appauvrit l'individualité d'autant.

Ce dont il faut être bien assuré, c'est qu'en toutes conjonctures on ne fera pas rendre à l'hectare le double de céréales en y employant moitié moins de main-d'œuvre, d'activité intelligente et de capitaux.

La question économique est une question d'organisation et de production, non de répartition plus ou moins juste.

La manière dont la richesse est acquise n'a d'importance que parce qu'elle implique souvent la manière dont il en sera fait usage. Ce n'est pas l'origine ou l'attribution des pouvoirs qui est à considérer, c'est leur emploi. Le paupérisme ne provient pas de « l'injustice sociale », c'est-à-dire du mode d'appropriation et de répartition, mais de l'insuffisance de circulation et de production.

A modifier seulement le mode de possessions, on ne parviendrait qu'à exaspérer les convoitises. Malheureusement, le conflit des pauvres et des riches fut toujours indispensable au jeu de la démocratie élective.

Ce n'est pas l'origine, la répartition, l'attribution de la richesse et du gouvernement qui importent; mais la puissance, l'étendue de leur action, et de la régler. Voilà le positif.

Sachons enfin que la prospérité générale ne dépend point de la distribution selon la « justice sociale », mais d'une plus intense production, d'une circulation accélérée, et donc d'un capital plus puissant, plus concentré et d'un crédit plus étendu, mieux organisé. Il y faut l'ordre politique et social le plus sûr.

La division du travail social est le principal élément de la productivité progressive.

Le vrai, avec les socialistes et contre les conservateurs, c'est qu'une société organisée ne saurait tolérer l'emploi abusif, exclusivement égoïste, immoral et antisocial d'un pouvoir quelconque, ni que ce pouvoir inférieur de la richesse, au reste anonyme et irresponsable, bouleverse et annihile tous les autres.

Le vrai, avec les conservateurs et contre les socialistes, c'est qu'aucun pouvoir ne saurait être exercé par une collectivité, qu'en tout et toujours la gestion personnelle est la plus attentive, la plus sage, la plus fructueuse.

IX

LE SYNDICALISME

Le progrès social ne peut être que le développement de l'ordre social, et il y faut autre chose que des usines, et il n'y faut pas des classes en lutte. On peut être une brute sauvage et faire du 80 à l'heure. On peut avoir appris la chimie, la physique, la mécanique, et n'être qu'un imbécile ou une canaille. Certes, on ne sait bien que ce qu'on fait, et l'école du travail n'est pas à dédaigner ; mais il y a des questions sur lesquelles la machine ne peut nous renseigner et auxquelles, pour vivre en hommes, il faut répondre.

Le bien-être est appréciable, certes. Il n'a jamais été si répandu. L'industrie mieux réglée pourra l'accroître encore, pour tous. Ce n'est pas le mal-être matériel qui fait la tristesse de ce temps.

On manque de vie sociale, et on en manque

parce que la société, dissoute, n'exalte plus aucun des sentiments convergents. Et c'est le prolétariat, naturellement affectif, qui ressent le plus vivement l'angoisse du vide d'une existence sans but, et donc sans devoir certain, et donc sans joie humaine.

La « paie » est devenue le seul mobile de ses efforts, et voilà pourquoi le travail lui paraît un esclavage et le salariat un avilissement.

La machine a contribué à diminuer la valeur professionnelle de l'ouvrier, qui lui était une force de résistance à l'exploitation et une source de joies. On parle beaucoup de « la crise de l'apprentissage » ; mais on n'en voit pas la cause. C'est une des pires choses qui soient que le travail sans fierté, pour le pain quotidien seulement. C'est ce travail-là qui provoque les sabotages dont nous sommes loin encore d'entrevoir toutes les funestes possibilités.

La corporation, en organisant le travail, donnait l'orgueil de l'œuvre produite. Elle avait institué une morale professionnelle. On ne travaille plus que pour l'argent. Les économistes ont enseigné qu'il n'y avait qu'un devoir : gagner le plus d'argent possible. Pour de telles leçons, on est toujours sûr d'avoir de brillants élèves qui dépassent leurs maîtres. Nous en sommes au sabotage : le plus mauvais travail pour le plus fort salaire. Il n'y a plus que des saboteurs, en haut et en bas, partout.

Quand on détruit les catégories naturelles, on est amené à en susciter d'artificielles, car elles sont aussi indispensables à la pensée qu'à l'action. Mais les dernières ne se peuvent maintenir, et elles sont nocives. Le concept de la lutte de classe est évidemment absurde ; mais il résulte nécessairement de l'utopie révolutionnaire.

Le sabotage est bien l'ignoble symbole de notre anarchie. Il manifeste qu'on ne travaille plus que contraint, avec dégoût, comme les esclaves. D'où la laideur des choses et la tristesse des êtres.

Quand ce n'est plus le service qui est la fin de l'effort, mais la rémunération, les hommes ne connaissent plus que la joie qui s'achète.

La grande tourmente révolutionnaire avait emporté, avec quelques abus, les plus solides institutions de la société française. Sur ces ruines, peu à peu, tous les abus ont reparu, avec beaucoup d'autres ; mais non les institutions. Plus d'abri pour le travail ; et sous prétexte de liberté, plus de possibilité d'agir, sauf pour l'argent. Car si la Révolution a supprimé les corporations, c'est pour favoriser les puissants et funestes syndicats d'agiotage et d'exploitation.

La crise de l'apprentissage tient à la désorganisation corporative et à la dissolution de la famille. Les expédients philanthropiques ou législatifs n'y peuvent rien. L'enseignement professionnel d'État n'est qu'un débouché pour quelques fonctionnaires inutiles.

L'homme s'élève dans la famille, l'ouvrier se forme dans la corporation. Pour que toutes les fonctions sociales s'accomplissent, il faut reconstituer les organes et leur rendre leur jeu. Sans doute, c'est contre notre anarchie parlementaire ; mais on ne supplée point la vie.

Il n'y a pas d'organisation sans division des fonctions, sans discipline, ni sans hiérarchie. Par le fait qu'on cherche à s'organiser, on accepte de se spécialiser, de converger et de se subordonner.

Actuellement, il y a entre les classes sociales un énorme malentendu.

On croit que les ouvriers se révoltent parce

qu'ils veulent « s'émanciper » du patronat. C'est ce qu'ils disent, en effet ; c'est ce qu'ils croient eux-mêmes, peut-être. Mais on ne saurait trop y insister, tous leurs actes spontanés vont à l'encontre.

Au fond, le prolétariat n'en veut qu'aux abus du patronat, qui sont le plus souvent déterminés par les abus plus graves de l'agiotage financier et de la malfaisance politicienne. S'il souffre réellement de son état, il souffrirait bien plus d'en sortir.

Il souffre surtout d'être dans le désordre, sans force pour ordonner et sans lien qui le rattache à ce qui dure.

Le syndicalisme est comme le sabre de M. Joseph Prudhomme qui servait à défendre la Constitution et au besoin à la combattre : il est d'anarchie et d'ordre.

Il sera décidément d'anarchie s'il ne se peut réaliser, si on le pousse dans la démagogie, ou si on le dénature en le parlementarisant ; il sera d'ordre s'il conquiert sa puissance sociale.

Il a contre lui ses propres chefs qui le méconnaissent et le parlementarisme qui ne supporte point d'ordre.

Le syndicat rompt le charme des formules nuageuses. Il arrache l'ouvrier aux préoccupations exclusives de la politique, il le ramène aux réalités de son métier, et à l'aimer. Il ranime l'esprit de corps, il réveille le sens des hiérarchies, il rapprend le respect des compétences. Il rétablit par là la fixité et la continuité dans la profession. Et c'est tout le bonheur social : aimer son travail, accepter son devoir, avoir la sécurité, être fier de son rang quel qu'il soit.

Les syndicats s'opposent comme ils peuvent à l'anarchie internationale. En Australie, on lutte contre les Chinois ; aux États-Unis, contre les Japonais. C'est grâce à la résistance ouvrière que ces pays ne sont pas submergés par le flot asiatique. La ploutocratie livre la civilisation. Mais jusques à quand tiendra la barrière syndicale ? Quand elle cédera, ce ne sera plus l'immigration, mais l'invasion ; et il ne s'agira plus de maintenir son « étalon de vie », mais de défendre sa race.

Que les organisations ouvrières françaises se heurtent aux organisations ouvrières étrangères, ainsi qu'il ne peut manquer d'arriver, et elles connaîtront, malgré les redondances des énergumènes intellectuels et les humanitaireries des faiseurs ou des sots, qu'il y a des catégories politiques, comme les conflits économiques leur ont appris, malgré les pompeuses Déclarations des droits de l'homme et les discours ministériels, qu'il y a des catégories sociales.

Une corporation a toujours une tendance naturelle à l'hérédité professionnelle et à se constituer des privilèges. Et c'est suffisant pour l'ordre sans entraver le progrès.

Les syndicats ouvriers, résistant à la dissolution anarchique, s'efforcent de rendre la femme au foyer, soit en l'excluant directement des ateliers, soit en imposant aux patrons qui les emploient la condition de salaire égal, — ce qui est une élimination indirecte. Ici encore, on remarquera que le syndicalisme vise au rétablissement de l'ordre organique, tandis que ploutocrates, philanthropes et intellectuels coalisent leurs égoïsmes, leurs ignorances et leurs divagations pour maintenir l'anarchie et l'intensifier aux sources mêmes.

Le syndicat a pour but de grouper les producteurs et par là d'organiser la production. Sa fonction économique et morale la plus caractéristique est donc la « limitation de la concurrence entre ouvriers ». C'est contre la petite industrie.

Il est bien un élément de l'ordre social. Mais cet ordre est général. La partie doit se subordonner à l'ensemble. Tous les efforts empiriques du syndicat pour obtenir des améliorations partielles sont donc vains. Quand il fait hausser les salaires nominalement, par une grève, cela se retourne contre les ouvriers, d'une manière quelconque, et d'abord par l'extension sourde des sous-concurrences. Si le syndicalisme était plus qu'un instinct d'ordre, trop souvent troublé, dénaturé par l'esprit démagogique, il s'efforcerait plutôt d'abaisser le salaire nominal — ce qui atténuerait beaucoup l'âpreté des sous-concurrences — en tâchant, surtout par la coopération de consommation, d'élever le salaire réel.

Si la concurrence universalisée, sans frein, n'a pas toutes les vertus que lui attribuaient les anciens économistes, elle a des vices redoutables. Surtout pour la concurrence ouvrière.

On a dit que c'est l'étalon de vie qui tend à déterminer les salaires. Soit. Mais, cela est vrai surtout du salaire nominal. Le salaire réel, c'est-à-dire le pouvoir d'achat de la rémunération du travail n'est fixé que par la production même du travail et du capital. Or l'anarchie économique enraye le développement de cette productivité.

Les salaires s'élèvent quand toutes les conditions économiques et sociales leur permettent de s'élever, et seulement jusqu'au point où ils peuvent s'élever. Ce ne sont pas nécessairement les métiers les plus fortement syndiqués ou les plus turbulents qui obtiennent les plus hauts salaires. Dans l'ensemble de l'industrie française, les salaires se sont élevés surtout de 1840 à 1880, alors que les syndicats n'existaient pas et que les grèves étaient très rares. Même quand elles réussissent le mieux, celles-ci n'influent que sur le salaire nominal, et provisoirement. Beaucoup de facteurs, très complexes, sont en jeu. D'abord la productivité générale, puis la circulation.

L'offre et la demande ne suffisent point à tout expliquer. Pour que le salaire s'élève, il faut aussi que la production s'accroisse, car c'est avec la production même qu'il se paie ; et pour que la production s'accroisse, il faut, d'une part, un capital bien employé, pour un machinisme perfectionné et des directions techniques sûres ; d'autre part, une main-d'œuvre habile, active, bien disposée. Le fonds des salaires, c'est l'ensemble de la production. Le prélèvement du capital est peu de chose. Le mieux-être du travailleur n'est donc pas une question de répartition, comme l'imaginent les socialistes ; mais une question d'organisation du travail.

Il ne s'agit pas de « faire travailler », comme rabâchent certains philanthropes un peu niais, il s'agit de faire produire, et le plus possible, et surtout les objets nécessaires à tous ou utiles au plus grand nombre. C'est qu'on ne vit pas du travail, mais des résultats du travail, qui peuvent être nuls, médiocres ou considérables. Le bien-être général s'y proportionne, car le produit du travail ne se paie qu'avec le produit du travail.

Il n'y a jamais surproduction, et d'abord parce que les besoins sont illimités. La prétendue surproduction n'est qu'une manifestation morbide de la spécialisation industrielle, déréglée. Mais si l'on fabrique en excès d'un article, c'est évidemment pour l'échanger contre autre chose. Si on ne trouve pas à l'échanger, s'il reste dans les magasins, c'est que l'objet d'échange fait défaut. S'il y a trouble, c'est donc qu'il y a sous et non sur-production.

Le chômage qui sévit dans toutes les vieilles nations civilisées ne provient pas du manque de travail, mais du déséquilibre entre la rémunération possible du travail qui reste disponible et les besoins de plus en plus complexes de nos travailleurs. La main-d'œuvre ne suffit plus à la production nécessaire, parce que nos travailleurs se refusent aux besognes peu rémunérées et inférieures.

Lorsque les dictateurs prolétariens de la C.G.T. attribuent aux grèves et à toutes les formes d'action directe qu'ils inspirent l'augmentation des salaires et la diminution des heures de travail, ils sont ingénument optimistes, comme tous les fonctionnaires et les dirigeants irresponsables, — et par là ils nous démontrent que ceux de demain auront les mêmes vices que ceux d'aujourd'hui. Ils se leurrent.

Les loisirs peuvent être la meilleure ou la pire des choses. Moins d'heures de travail, cela correspond souvent à plus d'heures de cabaret.

C'est parce qu'ils ont éprouvé les inconvénients de la grève partielle que les syndicalistes ont imaginé la grève générale. Gribouille est éternel.

. La grève ne produit ni n'organise, elle ne saurait accroître réellement le bien-être général. C'est de la guerre. Quand elle triomphe, ses prises, comme les rançons de la guerre, ne se renouvellent point. Elles compensent à peine les pertes.

Quant à la grève générale elle-même, que préconisa M. Briand, en 1892 et 1894, dans divers congrès ouvriers, c'est la révolution sociale uniment. Et ce mythe n'a peut-être pas d'autre signification que de nous montrer comment, sous un régime parlementaire, on devient ministre.

Les industries sont solidaires ; des grèves trop fréquentes leur communiquent un état de fièvre et d'insécurité qui les intimident, les plongent dans le marasme et les détraquent. Alors les capitaux se refusent, les machines ne se renouvellent plus, les usines se ferment, et la production languit, le chômage et la misère sévissent...

Les grèves ne font hausser les salaires que nominalement ; en vérité, elles paralysent leur ascension normale, elles les font baisser réellement.

Beaucoup de grèves sont fomentées par des politiciens qui préparent ainsi leur candidature ou assurent leur réélection, par des agents provocateurs à la solde d'États étrangers, par les patrons eux-mêmes ou des financiers dans un but de spéculation.

La grève est de la guerre économique. Par là, elle est contre-productrice, c'est-à-dire destructrice. Elle peut paraître faire hausser le salaire nominal : au demeurant, elle abaisse le salaire réel, elle aggrave la misère.

Si la grève est de la guerre, elle a les vertus de la guerre. Elle maintient, elle discipline, elle solidarise, elle forge les énergies qui résistent à la décomposition générale, elle entretient un idéal exaltant. C'est un exercice d'hygiène corporative... Certes, la guerre est fâcheuse ; mais, on ne saurait trop le répéter, dans l'inorganisation ou dans la désorganisation, elle est nécessaire.

Si les grèves furent parfois imprudentes, elles ont été souvent nécessaires. Dans la société désagrégée que nous a laissée la Révolution, où il ne subsiste plus d'autre pouvoir spirituel que celui — néfaste — des griots de la presse et de la politique électorale, où l'opinion publique reste sans direction, sans ressort, où les classes riches ne se reconnaissent plus aucun devoir grave, la guerre des bras croisés est la seule raison pacifique que peut faire entendre le prolétariat. Ce fut un frein nécessaire qui a empêché la bourgeoisie d'épuiser le capital humain dont elle avait l'administration provisoire. Ce fut un stimulant qui a obligé les chefs d'industrie, pour satisfaire aux exigences des ouvriers, à imaginer et employer de meilleurs dispositifs mécaniques et de plus savantes techniques. Sans les grèves, les colères populaires se fussent concentrées et tout eût sauté un jour ; le prodigieux développement industriel du XIXe siècle n'eût pu s'accomplir. Les grèves ont été d'utiles soupapes de sûreté.

A la base d'une reconstitution sociale, il y a la réorganisation du travail.

L'organisation de la production, c'est la division du travail, la discipline des producteurs et la hiérarchie des fonctions industrielles. Et c'est de cette organisation que dépend une plus intense production, condition primordiale de toute amélioration économique. Le syndicalisme n'a donc pas à énerver l'autorité de la direction industrielle, non plus qu'à disputer sur qui la doit détenir, mais seulement à la stimuler et à la régler pour qu'elle soit exercée dignement à tous égards.

X

LE PROLÉTARIAT

Les économistes ont prétendu faire de l'ouvrier un simple moyen de production comme la machine ; les bourgeois ne le considèrent que comme un moyen de s'enrichir pour jouir. Et c'est ainsi qu'on a allumé toutes les colères, — d'autant plus redoutables que le principe en est juste. Ces colères ne s'éteindront plus ; il y a trop de politiciens intéressés à les entretenir électoralement et trop de démagogues qui s'appliquent à les utiliser révolutionnairement.

Le prolétaire n'a plus rien à perdre à l'état social, ni foyer, ni sécurité, ni croyances, ni traditions. La dévolution des biens moraux a été complète. On lui a tout pris, on a tout dispersé, tout émietté, pour lui donner en place le bulletin de vote et la creuse Déclaration des droits de l'homme.

On a éteint les étoiles, tari les sources suaves de consolations et d'espérances et on a abandonné le prolétaire dans la nuit de son enfer terrestre. Par compensation, on l'a délié des obligations morales dans l'accomplissement desquelles il puisait ses forces vives et ses joies humaines. On ne lui a plus permis que les assouvissements de la brute. Et puis, en face des coffres-forts rois et dieux, l'âme vidée, on l'a proclamé libre...

Au regard de cette folie et de ce crime, que sont les erreurs de l'ignorance et les aberrations de la misère ?...

Le serf avait sa cahute auprès du donjon de son seigneur, qui l'exploitait mais qui le protégeait : l'ouvrier n'a que des gîtes provisoires. Il n'est que campé dans la société. Il ne saurait rattacher aucun souvenir réconfortant à son triste logis. Ce n'est pas là que ses ancêtres ont vécu, ce n'est pas là qu'il est né, ce n'est pas là qu'il mourra. Il n'a aucun désir d'aménager son taudis, et il s'y sent comme en prison. Voilà pourquoi il va au cabaret.

Au nom de quoi veut-on que le prolétaire se prive de la seule joie qu'on lui laisse ? Au nom de qui lui conseille-t-on la tempérance et lui prescrit-on le devoir ? Les étoiles ont été éteintes. La civilisation n'est pas pour le pauvre. Il sait que sa vie de misère et plus encore de laideur, de rebutant labeur, n'aura aucune compensation sur la terre et au ciel, et que l'or est un dieu sans merci. Il n'ignore plus que les prescriptions de la morale ne sont que les supports nécessaires d'une société dont il ne peut souhaiter la conservation.

Les sacerdotes du désordre que sont les économistes soi-disant libéraux peuvent être satisfaits : le prolétaire sait bien maintenant qu'il n'a rien à attendre que de soi-même et qu'il est un individu vraiment, sans racine, sans lien et sans but. On le lui a appris dès l'école primaire, et la dure expérience de l'anarchie a complété son instruction. N'ayant à compter que sur soi, dans la maladie, le chômage et la vieillesse, sachant enfin ce que « vaut l'argent » aujourd'hui, il thésaurise. Sans doute, cela lui servira à faire face aux éventualités fâcheuses ; mais, s'il a quelque chance, son pécule grossira ; s'il devient plus âpre au gain, plus égoïste, il parviendra à posséder enfin une parcelle de capital dont il voudra vivre, à son tour, sans travailler. Dès qu'il aura 5.000 francs et même moins, il s'établira ou il mettra ses enfants au lycée pour les préparer à une profession libérale ou au sinécurisme public.

C'est aux classes à s'honorer elles-mêmes, et d'abord par leurs services. Les corporations n'y manquaient pas. Aujourd'hui, un ouvrier et un paysan méprisent leur propre état plus encore qu'il n'est méprisé par les autres. Leur plus grande préoccupation est d'en sortir eux-mêmes ou, à tout le moins, d'en faire sortir leurs enfants. Il va sans dire, on a prodigué les grandes phrases : « accession des humbles à la propriété », « montée de la démocratie », etc., etc. Et ce gongorisme démagogique a troublé tous les sens. On ne s'est agité qu'avec plus d'ardeur dans le chaos, et pour l'aggraver.

Maintenant, ce n'est pas celui qui produit le mieux qu'on honore ; mais celui qui consomme et gaspille le plus. Dans l'anarchie, c'est le parasite qui règne. En France, jamais le travail manuel — et donc le prolétariat — n'a été aussi méprisé en fait. C'est le résultat le plus certain de la démocratie individualiste.

L'Église nous avait appris à honorer le travail, — et non pas seulement dans les proclamations électorales. Heureux les pauvres ! proclamait l'Évangile. Travailler, c'est prier, disaient les moines du moyen âge, et en donnant l'exemple.

Depuis cent ans, nous rétrogradons furieusement, et, nonobstant les éloquences de la tribune ou du journal, jamais la pauvreté et le travail n'ont été plus méprisés. Et de tous. Même des travailleurs. La meilleure preuve, c'est l'accroissement continu des classes moyennes.

Dans le positivisme, toute besogne est glorieuse, parce qu'il nous montre qu'elle participe au commun grand œuvre : l'Humanité. Chacun devient ouvrier, fonctionnaire public et artiste à la fois.

Tout travail social est une coopération dans le temps avec tous.

Il faut être résolument et toujours avec le prolétariat, non pour le duper en l'endormant ou l'exploiter en le flattant, mais pour le servir en l'éduquant. Même quand ses instinctives aspirations vers l'ordre seront égarées par les pires utopies, on restera avec lui. Le prolétariat ne pèche que par ignorance. La lourde responsabilité de ses erreurs et de ses révoltes incombe aux intellectuels qui trafiquent de leur savoir et de leur intelligence au lieu d'être de sages éducateurs, aux mauvais riches et aux politiciens qui abusent d'une situation usurpée pour satisfaire leurs appétits au lieu d'être des administrateurs et des dirigeants probes et dévoués.

Tout en restant très idéaliste, l'ouvrier croit se donner une apparence « scientifique » en affectant un économisme étroit et dur et un grossier matérialisme. Ce n'est qu'une attitude.

Tous les éléments de la production pâtissent de l'anarchie et du parasitisme. Quand ils s'en apercevront, après de trop nombreuses expériences, pénibles et dangereuses, ils se coaliseront pour rétablir l'ordre nécessaire.

Malgré les funestes exemples d'en haut, la déchéance de toute autorité temporelle et l'absence prolongée d'une réelle direction spirituelle, malgré ses journalistes et ses démagogues, le prolétariat ne tardera pas à reconnaître que l'anarchie est contre lui qui ne vaut, qui ne peut que par la solidarité corporative, la puissance nationale et l'organisation sociale ; il s'apercevra alors que les principales forces d'exploitation s'épanouissent dans la confusion économique et internationale et que les tyrannies politiques, les conflits sociaux et les sauvages répressions qui s'ensuivent surgissent toujours du gâchis parlementaire. Et ce sera reconnaître qu'il n'y a pas d'autre remède au paupérisme que le travail, et le plus productif ; pas d'autre moyen de mettre fin à la politiquerie parasitique et dissolvante que la restauration de l'autorité, et la plus ferme.

En dehors de l'atelier, l'ouvrier fait toujours partie de la société. Le salaire n'épuise point toute la responsabilité de l'entrepreneur à l'égard de l'ouvrier, ni l'exécution du labeur convenu toute la reconnaissance de l'ouvrier à l'égard de l'entrepreneur.

Il faut que l'ouvrier cesse d'être un moyen pour le lucre, il faut qu'il devienne un élément social incorporé, il faut qu'il ait une famille et que sa famille ait un foyer, il faut que son travail l'honore parce qu'honorable, parce qu'utile à tous, parce qu'humain ; il faut qu'il ait sa sécurité et celle des siens assurées et qu'il ne soit plus à la merci des coups de bourse, des inventions, du machinisme, des aventures commerciales, etc.

On ne supplée point l'ordre organique. Entendons la famille, la corporation, la commune. La prévoyance individuelle elle-même est antisociale. Elle aboutit au malthusisme, au célibat égoïste, sinon à l'infanticide. La vraie prévoyance, c'est de donner toutes ses forces à la famille, c'est de tout dépenser pour bien élever ses enfants, pour en faire des valeurs sociales.

C'est au village repeuplé, à l'atelier réorganisé, dans la famille rétablie, sous la protection du pouvoir central garantissant l'indépendance et la sécurité nationales, que toutes les puissances morales de régénération se peuvent élaborer.

XI

LA BOURGEOISIE

Les hauts personnages du régime qui fait monter la lie ne représentent pas plus la vieille bourgeoisie française que les blêmes apaches nocturnes ne figurent le robuste et franc prolétariat.

La cohue de profiteurs, de jouisseurs, d'aigrefins que le suffrage universel a fait surgir des bas-fonds bourbeux de toutes les catégories sociales, cela ne constitue pas une classe. C'est tout au plus une bande. La balayer, fût-ce rudement, ce ne sera qu'une opération de voirie.

Ni le prolétariat n'a intérêt à s'opposer irréductiblement à la bourgeoisie, ni celle-ci à affamer, à désespérer le prolétariat. Ce sont deux classes qui travaillent. Elles coopèrent, elles doivent s'entendre.

Dans toutes les classes, en France, il y a encore de la probité et de la santé, et la bourgeoisie en représente sa bonne part. Et c'est ce qui nous a sauvés jusqu'ici. Cela nous vient de notre sang, de notre sol, de notre ciel, de nos morts, de notre histoire...

Malheureusement, la bourgeoisie, entendons cette partie active qui n'est pas encore viciée, ou qui ne l'est que superficiellement, parfois par snobisme, se caractérise par sa timidité, voire sa pusillanimité, un goût excessif pour la tranquillité, — qui est le plus sûr moyen de ne l'avoir jamais, — une préoccupation quasi-morbide de sa sécurité, une vanité un peu sotte, pour tout dire, par son aveuglement et son égoïsme.

Si elle s'inquiète, ce n'est point des exactions, des turpitudes d'en haut, mais des clameurs d'en bas. Elle s'exaspère d'une grève qui dérange ses habitudes : la concussion, la trahison, le pillage des gouvernants, dont elle ne ressent pas immédiatement et personnellement les effets, la laissent indifférente. Que les gouvernants montrent quelque énergie à lancer les soldats sur les grévistes, elle leur passe la désorganisation et la ruine du pays. N'est-ce pas ainsi qu'on sauve la société pour une semaine ?

Les égoïstes imaginent qu'ils trouveront toujours à « s'arranger » et à s'assurer une prospérité individuelle dans la ruine générale de l'État.

Ils se trompent lourdement. Maintenant, tout se tient. A un certain degré que nous approchons le malheur de tous fait le malheur de chacun.

Sans doute, les bourgeois ne seront pas seuls à éprouver la rigueur des lois sociales, et les paysans et les ouvriers eux-mêmes ressentiront les souffrances du désordre. Mais ces épreuves sont devenues indispensables qui apprendront enfin aux citoyens français, bourgeois ou prolétaires, qu'il est des solidarités nationales qu'on ne saurait rompre et des principes de direction sociale qu'on ne saurait méconnaître impunément.

Dans ces tragiques conjonctures, le théoricien aura pour tâche de mettre en lumière la leçon qui se dégagera de ces expériences, et le praticien aura pour devoir de les faire concourir à la reconstitution de la société française.

On dirait que nos conservateurs ne se proposent que de conserver l'anarchie.

Prendre son parti du mal, c'est le permettre. Les gredins ont pour complices tous les lâches et les indifférents.

L'abstention des « honnêtes gens », c'est une lâche complicité. Ponce-Pilate n'évite pas la responsabilité.

Documents manquants (pages, cahiers...)

NF Z 43-120-13

bile extrêmement puissant, et but à la portée du plus essoufflé.

L'encombrement des classes moyennes s'explique ainsi.

La caractéristique des classes moyennes, c'est à la fois l'antagonisme des intérêts individuels et la dispersion des forces. Elles ne peuvent limiter leur nombre, elles sont envahies, et leur expansion est aussi désastreuse pour la société qu'elle est cruelle pour elles-mêmes. Elles consomment ou elles ne s'astreignent à une activité quelconque, de préférence improductive, que pour consommer. C'est proprement du parasitisme. Toujours donc les classes moyennes seront trop nombreuses et trop riches.

Les classes moyennes prospèrent, s'accroissent et souffrent. Elles souffrent d'autant plus qu'elles prospèrent et s'accroissent.

C'est l'illusion grossière des classes moyennes de croire que le parasitisme peut indéfiniment s'accroître. Si faible pour réagir que soit une société en pleine décomposition, elle ne laisse point de se défendre.

Avec les compétences, il faut aussi des vertus sociales. Et celles-ci se résument dans le service de l'intérêt général, l'éducation du goût, la bonne mesure, la loyauté. Aujourd'hui, les grands magasins ont les compétences sans les vertus, les coopératives ont les vertus sans les compétences, et la petite boutique est dénuée des unes aussi complètement que des autres. Et elle ne les peut acquérir.

La petite boutique, la petite fabrique, les carrières libérales ne sont pas parasitaires absolument. Elles ont eu leur temps, leur utilité, — elles l'ont encore. Il s'agit de connaître dans quelle mesure. En tout cas, il n'est pas contestable qu'elles deviennent nocives par leur extension insensée, — et il n'apparaît pas possible d'arrêter cette extension.

Dans un quartier, à défaut d'une meilleure organisation de distribution, un boulanger, un boucher, deux, trois peuvent être utiles encore. Dix, vingt, cent deviennent superflus, onéreux. Contrairement à l'assertion de l'ancienne économie politique, cette concurrence sauvage, absurde, pour vivre quand même avec le tribut prélevé sur un même nombre de consommateurs, de « clients », fait hausser les prix exagérément. Et c'est la production qui paie. De même, un médecin, deux, trois sont bienfaisants, — dix, vingt, cent, sont à tout le moins inutiles. De même encore pour les avocats, les professeurs, les fonctionnaires, etc...

Dans les classes moyennes, tout est médiocre. Et d'abord le cœur. Il semble qu'elles soient un résidu, d'autant plus considérable que la décomposition sociale est plus avancée. Leur insuffisance de caractère, d'audace et d'intelligence, plus encore que de fortune, leur interdit l'accès du patriciat qu'elles jalousent et détestent. Or, dans notre anarchie, quand un homme peu chargé de scrupules oriente toutes ses facultés vers l'acquisition de l'argent, s'il ne devient pas rapidement millionnaire, c'est qu'il est un faible, un imbécile ou un taré.

De grands devoirs exigent de grandes forces. La petite bourgeoisie est aussi incapable d'obéir que de commander, de produire que d'administrer, de donner que de garder. C'est chez elle que l'ouvrier subit les plus dures conditions de travail ; c'est chez elle que les aigrefins de la basse finance font leurs coups les plus fructueux en promettant des intérêts fantastiques ; c'est enfin par elle que l'étatisme jacobin trouve les ressources commodes de l'emprunt par quoi il se maintient. Et ce n'est pas méchanceté, mais faiblesse.

C'est par antiphrase qu'on dit « professions libérales ». Dans tous les métiers intellectuels ou artistiques, sauf pour quelques nobles exceptions, l'âpreté au gain est plus grande, l'indépendance réelle bien moindre que dans les métiers manuels. Il faut le reconnaître, d'ailleurs, ce n'est pas dans le désordre, quand l'argent reste la seule force sociale effective, que ces professions peuvent être « libérales », c'est-à-dire désintéressées, c'est-à-dire indépendantes.

Il y a là, certainement, dans les professions dites libérales, dans la bohème littéraire ou artistique, chez le fonctionnaire, des situations pénibles, douloureuses, pitoyables. On plaint ces victimes de l'erreur des classes moyennes : on ne saurait les encourager.

On ne vend bien son talent qu'à Paris. Tout ce qui veut se prostituer, filles ou gens de lettres, y accourent. « On ne fait son chemin qu'à Paris », dit M. Prudhomme à son épouse, pour la consoler du départ du génial poète qu'est leur fils.

La petite boutique, le petit patronat, la petite propriété gémissent ; la famélique bohème intellectuelle ou artistique rugit et délire. Les professions libérales politiquent ; et pour « arriver » plus vite, aucune surenchère électorale ne les arrête. Ce sont elles qui exaspèrent la frénésie démagogique. Les trois quarts des avocats, la moitié des médecins, beaucoup de professeurs n'ont plus d'autres ressources que la politique électorale. Il est vrai que c'est par là qu'on peut espérer de participer à la politique d'affaires.

Chaque année, l'Université déverse sur la société des milliers d'infirmes sociaux qui s'acharnent à couper les câbles qui nous relient, à saper nos assises et à tarir la source vive de notre sensibilité sociale. Au sang généreux qui circulait dans le vigoureux organisme qu'était la société française, ils s'efforcent, d'un travail abominable, à substituer la vase méphitique de leur éloquence. Qu'une légende nous réconforte et nous humanise, aussitôt quelque grimaud politicien, qui n'a pas d'autre moyen de se pousser, voudra la souiller de textes contestables. De cela, la France sera diminuée, un peu plus découragée ; mais, lui, il sera professeur de Faculté ou député, — et c'est tout ce qu'il veut.

Le fameux tampon que constituent les classes moyennes est en fulmi-cotón. Les bacheliers qui ne trouvent pas une place à la mesure de leurs appétits vont grossir le redoutable contingent des provocateurs de la démagogie. Ah ! l'aveuglement de nos conservateurs !

Les principaux agitateurs du siècle dernier, Barbès, Flourens, Delescluze, Blanqui, Vallès, etc., étaient des bourgeois. Actuellement encore, les chefs socialistes sont rarement des ouvriers.

Ce sont les classes moyennes qui fournissent les plus dangereux adeptes de la révolution sociale, qui, par l'étatisme qu'elles nécessitent, acheminent au socialisme d'État, et qui favorisent, non la concentration normale du capital, mais la plòutocratie. Car la ploutocratie, c'est la tyrannie de l'argent, sans contrôle, sans responsabilité, sans direction, sans devoir. Elle n'est possible qu'avec une opinion publique partageant l'erreur monstrueuse dont vivent les classes moyennes : à savoir, que la propriété est non pas d'origine sociale, mais le fruit de l'épargne individuelle, — et donc qu'elle comporte des droits absolus.

Après avoir été opportuniste, quand les opportunistes tenaient l'assiette au beurre, la petite bourgeoisie est devenue radicale, quand ce fut le tour du radicalisme. Demain, elle sera autre chose, si on l'aide mieux à débiter son alcool empoisonneur et son lait frelaté. Ce qu'elle ne sera jamais, ce qu'elle ne peut être, c'est un élément d'ordre.

Et cela explique bien des choses : la puissance politique des classes moyennes comme la vogue insensée du suffrage universel.

L'Université veut se donner l'illusion de la vie dans le sépulcre du monopole ; et pour attirer les étudiants, elle leur dispense généreusement des titres à être budgétivores à perpétuité.

Le fonctionnarisme est le mal : nous le savons de reste. Mais il l'est par la somme de ses abus, par ses déviations ; il l'est lorsqu'il subordonne la fin aux moyens, la fonction à l'agent ; il serait absurde de dire que l'organisation des services publics est un mal et que les agents de ces services sont des parasites.

Le nombre des fonctionnaires ne signifie rien de mauvais par lui-même ; c'est le nombre des sinécuristes qui est grave, et plus encore peut-être l'emploi à contre-sens, inutile, nuisible même.

Le nombre croissant de nos fonctionnaires, l'obsession du fonctionnarisme sont une des plaies vives de notre société républicaine, il est vrai ; mais c'est seulement parce que le fonctionnarisme a perdu son caractère social qu'il est devenu un privilège recherché et un corps fermé, jaloux de ses prérogatives.

Les « droits acquis » des fonctionnaires ? — Quels droits ? Pourquoi celui qui nous accorde la grâce d'émarger au budget aurait-il des droits spéciaux que n'ont pas l'ouvrier, le commerçant, l'industriel, l'artiste, etc. ? Dans toutes les professions, on n'obtient que parce qu'on donne, et même pas toujours : seul le fonctionnaire serait dispensé du devoir, de la responsabilité, de la concurrence des mérites et des activités ! C'est trop manifester que les fonctions de l'État se peuvent passer de la force, de l'activité, de la compétence et de l'intelligence. Et ce n'est pas un argument en faveur du majorat des bacheliers.

Le favoritisme n'a pas de parti pris, il n'exclut pas nécessairement les intelligences. Tout au plus peut-on lui reprocher de s'exercer trop fréquemment en faveur des fruits secs ; mais il ne fait alors que ce qu'aurait fait certainement l'avancement automatique.

La sagesse est de se résigner à ce qu'on ne peut modifier. Ne nous absorbons pas dans la recherche du parfait fonctionnaire. Le meilleur est celui qui est en position. La continuité est préférable même à la plus haute compétence. C'est la fonction qu'il faut organiser.

Certes, il est fâcheux que les compétences disparaissent jusque dans les professions ordinaires. Mais si le culte de l'incompétence est désastreux, l'obsession de la seule compétence ne le serait pas moins. A poursuivre toujours la plus haute compétence, on aboutirait à la même instabilité, au même gâchis, et partant à la même confusion et contre-éducation des fonctions.

Ce n'est pas le nombre des fonctionnaires qui est un mal, c'est le mauvais emploi de ceux-ci, l'inutilité de la plupart d'entre eux. Les fonctions publiques, si elles n'usurpent pas sur les activités privées par un monopole abusif, comme celui de l'enseignement par exemple, sont en rapport direct avec la complexité sociale d'un État, c'est-à-dire avec sa civilisation. Plus il y a de fonctionnaires occupés vraiment à un service social, plus la prospérité d'un pays est grande, et sa civilisation.

Le fonctionnaire est un travailleur administratif incorporé vraiment à la société et dont l'intérêt professionnel ne peut jamais s'opposer à l'intérêt général : le progrès n'est pas de le ramener à l'individualisme anarchique des travailleurs d'industrie ; mais d'élever ceux-ci à la discipline sociale des activités convergentes.

Ceux qui assument la charge lourde de diri ger les grands services sociaux, en ayant toute la responsabilité, ont le pouvoir, et le devoir, de révoquer les agents insuffisants, de placer chacun où il peut être le plus utile, à l'emploi où il est le plus apte, de rétrograder au besoin ceux qui ne donnent pas ce qu'on attend d'eux. De stimuler chacun de leurs subordonnés par l'émulation et la vie, — car le fonctionnaire est fait pour la fonction. La responsabilité veut l'initiative et la liberté.

C'est parce que la démocratie n'est pas ce qu'elle dit être que la société résiste encore. C'est cette hypocrisie qui nous sauve. On a proclamé tous les droits ; mais, en réalité, il n'y a qu'une classe qui en use et en abuse. Car il n'est de droits effectifs que pour l'argent. Au demeurant, les droits ne valent jamais que pour les forts, et depuis la Révolution, les forts sont les riches. On ne dira jamais assez que les « droits de l'homme » sont une monstrueuse duperie pour le prolétariat.

Certes, il faut des classes, mais que ces classes correspondent à des fonctions utiles ; il faut des « autorités sociales », mais que ces autorités acceptent d'être responsables ; il faut des puissances concentrées, mais que ces puissances soient réglées et s'appliquent à des fins communes ; il faut des supériorités, mais que ces supériorités aient des devoirs en proportion de leurs pouvoirs. « Les hommes n'envient que les jouissances, et jamais le devoir », a dit de Bonald. Il n'est pas d'autre source des autorités obéies et des grandeurs vénérées que le dévouement social.

Ce n'est pas l'argent ni même le nom qui constituent les classes ; ce sont les fonctions sociales différenciées. Et elles sont d'autant plus différenciées que la civilisation est plus haute. La Révolution n'a pu abolir complètement les classes, parce qu'elle n'a pu détruire complètement la civilisation ou généraliser le parasitisme.

L'égalité est un mensonge révolutionnaire, — et le pire. Il faut qu'il y ait des grandeurs et des forces.

Sans doute, à côté des « grandeurs d'établissement », il y a les « grandeurs naturelles » ; mais la démagogie hait encore plus celles-ci qu'elle n'envie celles-là. Ces grandeurs, d'ailleurs, valent les unes par les autres. Qui sait apprécier les unes ne refuse pas leur rang aux autres, quand elles sont accidentellement séparées. Pascal l'a bien marqué : « Il n'est pas nécessaire, parce que vous êtes duc, que je vous estime ; mais il est nécessaire que je vous salue. »

Ce ne sont pas les détenteurs de la richesse, les fonctionnaires qu'il y a à changer, ce sont les fonctions qu'il faut rétablir et régler. Ce ne sont pas les moyens, c'est le but qu'il faut modifier. Ce ne sont pas tant les choses que les êtres qu'il convient de socialiser. C'est le cœur même de l'anarchie qu'il faut atteindre.

Le patronat ne se justifie que par toutes les responsabilités qu'il assume, une ferme direction effective et l'audace des entreprises que permettent la compétence technique et des capitaux puissants.

C'est par l'effort héroïque que les aristocraties se font; c'est par la recherche des basses jouissances, l'oubli de leurs devoirs, les prétendus droits de leurs places qu'elles se défont.

La caractéristique sociale du prolétariat producteur, c'est le nombre organisé ; celle du patriciat, c'est la concentration. Le prolétariat, normalement, doit se multiplier. Il est la négation même du malthusisme petit bourgeois. Plus il sera nombreux, plus il sera heureux, et plus la société prospérera. Il produit. Le patriciat, au contraire, doit et peut être extrêmement restreint ; mais avec des forces très concentrées. Dans l'ordre, il tend naturellement à cette concentration. Il administre et il commande. Ainsi donc, jamais le prolétariat ne sera trop nombreux et assez organisé, jamais la richesse ne sera assez concentrée. Il n'y aura jamais trop de forces pour remplir les fonctions sociales constamment perfectibles.

La richesse et le commandement, dans une société fonctionnant normalement, comportent de lourds devoirs qui ne peuvent être bien accomplis que par un patriciat restreint. Mais c'est d'un esprit superficiel et grossier de croire que de tels offices dispensent pour ceux qui les assument toute la puissance sociale et la vraie puissance, toutes les joies individuelles et les vraies joies. Le prolétariat producteur est le nombre, la femme génitrice est l'amour, — et avec les philosophes pour guides intellectuels, ils ont à contrôler, à contenir, à sanctionner, à améliorer ceux qui administrent et qui commandent. Le vrai pouvoir moral qu'ils exerceront ainsi, plus conforme à leur nature et plus compatible avec le bonheur profond, sera autrement efficace qu'une fictive participation au pouvoir matériel par le bulletin de vote ou la concurrence économique.

XII

L'ARGENT

La confiance, sans laquelle il n'est pas d'organisation matérielle du crédit qui vaille, exige la sécurité, la continuité, la paix civile. Or la démocratie élective ne va pas sans le dénigrement constant, la suspicion, les antagonismes d'intérêts particuliers, les âpres compétitions, les chicanes de sectes, la guerre sociale. Mais l'argent inquiet se terre, l'argent qu'on menace s'expatrie. En tout cas, il évite de se placer dans l'industrie s'il sait qu'il est à la merci d'une grève, d'une émeute, d'une fiscalité électorale ou d'une loi de « justice sociale ».

Si l'on veut que revienne le respect des faibles pour les forts, il faut que le dévouement des forts pour les faibles l'appelle. Si l'on ne veut point que le prolétaire se rue comme un barbare contre notre civilisation, il faut en faire un citoyen. Nous voulons dire un habitant de la

Cité, et l'élever jusqu'à cette civilisation pour qu'il y participe et la comprenne.

Le travail est devenu une chose qui se paie. Sans plus. Le salaire donné et reçu, on est quitte. Pas d'autres rapports plus humains, pas d'autres devoirs qui unissent. De part et d'autre, on ne cherche, âprement, qu'à donner le moins pour recevoir le plus. Aucune sécurité. Tant pis pour l'ouvrier, si le chômage l'affame, si la maladie l'abat, si la vieillesse survient. Et donc, tant pis aussi pour le patron, si la grève et le sabotage le ruinent, si une bombe fait sauter sa maison...

Qui saura jamais ce que le machinisme au seul service d'un capitalisme effréné, sans responsabilité, a gaspillé de forces vives et tué d'âmes !

La civilisation occidentale, la société française surtout, est dans une automobile conduite par un chauffeur ivre et qui descend les flancs escarpés d'une montagne entre des précipices, à la quatrième vitesse. La catastrophe est d'autant plus certaine qu'on s'est acharné, au départ, à briser tous les freins.

L'industrialisme outré, au prix qu'on sait, peut exciter l'imbécile admiration des Homais, au fond il n'est qu'un retour déguisé à la plus dure barbarie.

Dans notre civilisation, nous sommes comme les passagers sur le *Titanic*. L'éclat du luxe nous dissimule les dangers qui nous menacent de toutes parts. Il ne faudrait qu'un iceberg ou une émeute pour nous faire sombrer dans la pire barbarie.

Les dirigeants seraient bien stupides s'ils s'imaginaient vraiment que le peuple sera toujours dupe. Je crois plutôt qu'ils espèrent que cela pourra durer autant qu'eux.

Et il faut, en effet, que cela dure. Non point pour l'agrément de prolonger le règne de l'argent ; mais pour donner le temps aux reconstructeurs de se reconnaître, de se coaliser et d'être prêts à réparer les désastres de la terrible débâcle qui s'annonce.

L'erreur est la même de croire que les désordres d'en haut peuvent contrebalancer ceux d'en bas ; et ceux-ci, ceux-là. Ils s'aggravent l'un par l'autre.

C'est une illusion fâcheuse que d'imaginer qu'on peut atténuer l'anarchie en y participant.

L'anarchie ne se régularise pas. Une société en finit avec elle ou elle en finit avec la société.

Si la griserie d'une victoire prodigieuse nous fait oublier trop vite la rude leçon de ces terribles années de sang, nous n'éviterons pas un cataclysme social auprès duquel la guerre même n'aura été qu'un orage d'été. On verra alors ce que peuvent être — dans une société industrialisée, aux rouages enchevêtrés, compliqués à l'extrême, et sans âme — la banqueroute, l'émeute crapuleuse des villes, la jacquerie farouche des campagnes.

S'il n'y a plus assez de Français capables de se soumettre aux rigoureuses conditions de toute existence sociale, la France périra.

Qui ne cède à l'appel de la raison, à la persuasion devra se rendre à la rude contrainte de l'implacable fatalité.

Les hommes d'argent, les dilettantes, les politiciens, qui ne savent que compter, pirouetter, jouir et corrompre ne s'aperçoivent des grandes forces d'idéal que lorsqu'elles les écrasent. C'est peut-être qu'il faut, pour la régénération d'un pays, qu'ils soient écrasés.

En proclamant les « droits de l'homme », la métaphysique révolutionnaire a rendu impossible la paix sociale. N'est-ce point pour faire prévaloir leurs prétendus droits que, depuis plus de cent ans, les Français sont en lutte les uns contre les autres, et tout d'abord contre la société ? Les « droits humains », avait bien remarqué A. Comte, « sont toujours subversifs ».

Puisque le pouvoir démesuré de l'argent ne confère que des « droits », il est accessible à tous. D'où l'arrivisme généralisé. Nul ne tient plus à être ce qu'il est et à l'être le mieux possible. Les places se comparent de bas en haut, par rapport à soi, à ce qu'on estime pouvoir en tirer d'avantages ; non de haut en bas, en considérant d'abord ce qu'elles exigent de capacités et de vertus pour être dignement occupées. Tout est faussé, les mobiles comme le but.

Les classes se jalousent et se harcèlent, en s'acharnant à prendre l'une sur l'autre, comme des hordes sauvages, au lieu d'accomplir leurs fonctions déterminées. A une époque où il n'est parlé que de « raison » et de « justice », pour mieux déraisonner et se vautrer dans l'iniquité sans doute, on n'a plus recours qu'à la ruse sournoise ou à la violence.

Les progressistes et les conservateurs ont disposé de tous les pouvoirs politiques, ils détiennent encore la majeure partie du pouvoir social. Il n'en ont rien fait, ils n'en font rien. N'ayons pas l'indiscrétion de leur demander pourquoi. C'est un fait. Ils sont de ceux que n'instruit aucune expérience.

Il est encore des Français qui estiment si haut leurs préjugés, leurs désirs et leur logique que, sans hésiter ils y dévouent la France et ses possibilités. Pour eux, elle ne vaut d'exister que si elle prend la figure qui leur agrée. Au surplus, ils sont tellement enchantés d'eux-mêmes, de leurs travaux, de leurs méthodes, qu'ils ne conçoivent rien de mieux que de persévérer dans la course à l'abîme

Les forces sociales qui s'étaient constituées au cours des siècles pour s'opposer aux entreprises de la ruse ou de la violence, ont été énervées, affaiblies, annihilées. C'étaient la corporation, l'association et sa mainmorte, la commune, la province et son Université, la famille, la patrie, la religion. Elles s'animaient par les devoirs qu'elles imposaient à chacun envers tous, par la subordination qu'elles exigeaient de la partie à l'ensemble. Elles ne pouvaient que se désagréger par l'âpre revendication des droits de chacun et la rébellion universelle qui s'ensuivit. La loi y aida. Le Code civil ne s'est pas borné à émietter ce qui subsistait de ces forces sociales, il a rompu toute continuité. Il a voulu que toute solidarité fût provisoire, c'est-à-dire seulement matérielle. C'est pour empêcher cette poussière de se recomposer spontanément qu'il n'admet que le viager, — ce qui passe.

Dans un État organisé, les catégories sociales correspondent à des fonctions bien définies. Depuis que les Droits de l'homme ont « aboli les classes », il n'y a plus que l'argent. Il n'y a donc presque plus de classes, en effet, mais il y a quantité de « distinctions » d'argent. Et puisqu'il n'y a plus de fonction afférente à chaque catégorie, il y a un formidable parasitisme, et qui ne cesse de s'étendre.

La frénésie révolutionnaire ayant dissous les corporations, le Code civil ayant désagrégé la famille, le jacobinisme ayant ruiné la région et le parlementarisme ayant aboli en fait tout gouvernement, l'argent reste, au temporel, la seule force sociale. Sans contrepoids physique et sans contrôle moral, anonyme et irresponsable, il est à la fois seul moyen tout-puissant et fin suprême.

La société française se décompose. L'argent s'est substitué à toutes les forces organiques qu'il a contribué à détruire et pour délabrer celles qui restent encore. Rien ne tient plus que cette grotesque idole. Rien ne vaut que sa toute-puissance. Tout lui est sacrifié. Et d'abord l'âme.

Tout se tient. Notons-le: institution d'ordre, l'Église a toujours condamné l'usure. Ce sont d'abord les légistes et Calvin qui lui furent indulgents. La Révolution, cependant qu'elle interdisait les corporations et les coalitions ouvrières, donnait toute licence à la Bourse et levait la prohibition de l'usure. Pour le bon sens positif, l'intérêt de l'argent, qui se prélève sur le travail et le sol, n'est justifiable que si la richesse est une fonction sociale, et seulement pour réaliser une suffisante concentration du capital.

Dans le désordre, c'est toujours l'argent qui devient capitaine.

L'argent qui n'est contenu par aucune puissance supérieure n'est que pour l'argent. Il est sans patrie comme sans odeur.

Pour de l'argent, nous avons livré nos vraies richesses : La vigueur de la race, le sol, le sous-sol, les forêts, notre réputation commerciale, industrielle, artistique, notre indépendance. Nous laissions installer chez nous dix mille sociétés austro-allemandes ; mais nous avions un million de fonctionnaires, deux millions de boutiquiers, dont cinq cent mille cabaretiers, et cinq millions de rentiers.

« Enrichissez-vous » de l'exploitation, conseilla celui-ci ; « fusillez-moi ça ! » qui trouble les cours de la Bourse, clama tel autre ; « laissez faire » l'argent, « laissez passer » l'égoïsme, dirent les économistes, en prêchant au peuple, d'autre part, le dégradant malthusisme. Et ce fut l'âge d'or de la « liberté du travail », des « droits de l'homme » du miséreux en face des « droits de l'homme » du millionnaire, — ce que celui-ci nomme « l'ordre » et qui n'est que le mercantilisme généralisé, l'anarchie universalisée, c'est-à-dire la fraude dans le commerce, le sabotage et la camelote dans l'industrie, la pornographie dans l'art, la prostitution dans l'amour, la prévarication dans l'administration, la trahison dans la politique, la vénalité de la pensée et la simonie dans la religion.

L'aspect le plus caractéristique de l'abrutissement matérialiste, c'est l'asservissement de l'être à la chose, l'idolâtrie du nombre, la méconnaissance de ce qui dure, comprend et domine. Ainsi, tout se ramène à un automatisme arithmétique. Où il faudrait juger, évaluer, on chiffre.

L'ignoble passion de l'argent a propagé les plus fauses notions sur la monnaie. Celle-ci n'est pas nécessairement du métal. Elle l'est de moins en moins. Ce n'est pas la richesse. Ce n'est qu'un signe représentatif dont on peut se passer. Toute richesse provient du travail social, c'est-à-dire d'une coopération.

Avec plus de sagesse et plus de confiance, la monnaie métallique perdrait de son privilège exorbitant. L'agio se restreindrait, l'intérêt baisserait, la circulation n'aurait plus d'entrave. C'est le sol, le produit, les connaissances acquises, le talent, l'intelligence, le travail, la probité, le solidarité qui seraient les principales garanties du crédit.

Le principal facteur du gaspillage ruineux et de l'appauvrissement général qui en résulte, c'est l'émiettement absurde de la richesse nationale. Ayant plus à dépenser personnellement, chacun s'imagine que la richesse s'accroît. En réalité, nous allons vers la banqueroute, la famine, la jacquerie.

Si les devoirs attachés aux fonctions sociales sont des barrières, les droits conférés aux possessions sont des aimants puissants. Et il n'y a plus que des droits, et les possessions sont aisément accessibles à tous.

Ce que Comte appelait la « maladie occidentale » provoquée par une « critique effrénée », « l'insurrection générale des vivants contre les morts » et la « destruction révolutionnaire » se caractérise surtout par les vaines prétentions de tous à l'autorité, aux titres, à la richesse. Nul n'est plus satisfait de ce qu'il est, nul n'est plus heureux où il est. Au lieu de fonctions à remplir, on ne conçoit plus que des droits à sauvegarder ou à conquérir. Tous les rapports en sont faussés, tout est subverti. « La soumission est la base du perfectionnement. » C'est donc, d'abord, l'humilité et la vénération que nous avons à rapprendre. Elles n'importent pas moins à la santé du cœur qu'à l'équilibre cérébral.

Exaltons-nous. Les institutions dépérissent, malgré toutes les lois et tous les gendarmes, si une énergie ne les garde, si une volonté ne les meut, si une âme ne les vivifie...

Aux joies profondes, réelles, d'être parfaitement tout ce qu'on est, ce qu'on peut être, s'est substitué l'âpre désir, jamais satisfait, de « parvenir », d' « arriver », d'être enfin ce qu'on n'est pas, ce qu'on ne peut être, ou de le paraître.

Il y a eu l'ambition, il y a l'arrivisme. Ce n'est pas la même chose. On voulait être, — c'était l'ambition, — et les volontés convergeaient ; on veut avoir, — c'est l'arrivisme, — et elles divergent. C'est qu'on ne pouvait avoir sans être. Aujourd'hui, il en va autrement. Les talents qu'il faut acquérir pour être nuisent à ceux qu'il faut employer pour avoir. Il n'y a plus d'ordre.

C'est surtout de la propriété foncière qu'on peut dire que la richesse, sociale dans sa source, doit être sociale dans sa destination. Ce sont les morts, tous les ancêtres, qui l'ont fertilisée de leur effort tenace et de leur sang. C'est la civilisation qui en fait toute la valeur, et d'abord par l'accroissement non gagné.

La détention d'une force sociale quelconque — richesse, autorité, savoir — ne peut être légitimée et garantie que par son emploi social.

La richesse a toujours été un signe de la puissance ; mais elle n'était pas le seul et elle ne dispensait pas de tout. Les gentilshommes mettaient beaucoup de choses au-dessus de l'argent, et notamment l'honneur et la foi. Il se pouvait alors que les plus riches eussent le plus de devoirs et le moins de droits. Et c'est ainsi seulement, par le dévouement, quand ce n'était par l'héroïsme, le génie et la sainteté, qu'on anoblissait sa postérité.

L'argent est un frein pour ce qui n'est pas l'argent.

Le capitalisme est une force sociale qu'il n'y a pas à détruire mais à discipliner.

Le pouvoir exalte le vouloir.

Aucune force sociale n'est à détruire. Seulement, il faut leur donner une direction. Dans le désordre où nous nous débattons, il est évident que les forces sont dangereuses ; mais nous ne pourrons revivre que par elles. C'est donc au désordre seulement qu'il faut mettre fin. Attacher un fiévreux, empêcher par le bâillon un malade de crier, ce n'est pas les guérir. C'est peut-être les tuer.

Il faut que la richesse, en proportion même de sa puissance, implique une responsabilité, des devoirs, — et si lourds que les incapables préfèrent s'en décharger.

Dans l'ordre, les devoirs seuls justifient les pouvoirs. Ils fondent toute autorité. Ne devraient s'élever à l'administration des biens sociaux, au commandement politique, au conseil moral que ceux-là seuls qui sont assez habiles pour administrer, assez énergiques pour commander, assez sages pour conseiller. Et il faut surtout que ces offices n'assurent à leurs détenteurs aucun des avantages grossiers qui suscitent l'envie des natures basses et excitent l'arrivisme sans scrupules des vulgaires jouisseurs. Les pouvoirs ne confèrent que des devoirs plus complexes et plus importants. Ainsi se révélera la vraie vocation de dirigeant.

Ceux-là seuls sont de l'élite qui en acceptent les lourds devoirs. Ce sera toujours la disposition à se dévouer qui mesurera la grandeur humaine.

C'est à ceux qui veulent être les dirigeants de donner l'exemple. Se dévouer est le seul titre à diriger qui vaille désormais. Le sang était une raison. Dieu en était une autre. Mais le riche qui parle encore des droits de propriété, un chef qui croit aux droits d'autorité, un intellectuel qui monnaye ses droits littéraires, ils ne sont pas dignes d'administrer, de commander et de conseiller.

Il faut des pouvoirs pour l'accomplissement des devoirs. Les pouvoirs mesurent les devoirs.

Rien n'est lié que par des devoirs. Aux plus puissants, les plus grands.

Il n'y a de vertus sociales que dans les devoirs. Et ils se mesurent aux pouvoirs. Quand ils seront acceptés, nul ne songera à diminuer les forces quelconques, matérielles, intellectuelles ou morales. Au contraire. Au dévouement sincère des forts pour les faibles, répondra enfin le respect affectueux des faibles pour les forts. Seulement alors.

La puissance comporte toujours la responsabilité.

Tout pouvoir doit être un office social. Servir est la mesure de toute grandeur. Ce n'est pas la place, ni les titres, ni les chamarrures qui disent l'homme. C'est ce qu'il fait, ce qu'il donne de soi.

Servir d'abord, et ne s'élever que pour mieux servir.

Pour la conduite des grandes entreprises politiques et économiques, il faut des hommes capables de comprendre l'ensemble et la continuité et qui aient d'autres ambitions que de pavoiser leur boutonnière et de s'assurer une retraite ou des rentes.

Les pouvoirs humains n'ayant d'autre justification que de servir, il importe que l'usage de la richesse soit contrôlé et sanctionné. Si l'argent ne confère que des droits, s'il est un but, que pouvons-nous répondre aux âpres revendications de ceux qui en veulent leur part? S'il permet tout et ne comporte aucun devoir, il est superflu de condamner l'envie des pauvres, le sabotage, la sédition, le crime. La plus haute éloquence ne pourra empêcher que la force brutale du nombre écrase la force de ruse de l'argent.

Il faut se préoccuper de régler l'emploi des forces matérielles, — non d'en changer les détenteurs. Il faut que la richesse et le commandement soient concentrés, nominaux et responsables afin d'avoir la possibilité d'assumer de plus grands devoirs et plus de force positive à consacrer au service social, en même temps que moins de force négative à opposer, par la dispersion, l'anonymat, l'irresponsabilité, à l'inspiration philosophique, à l'aspiration prolétarienne et à l'affection féminine. En tout, on ne s'appuie que sur ce qui est durable, stable et résistant.

Dans une société organisée, où l'ensemble ordonne les parties, il n'y a pas de fatalités économiques. En France, si les corporations n'avaient pas été détruites, si la famille était restée solidement constituée, l'argent eût été contenu par des forces morales supérieures.

XIII

LA PATRIE. LES TRADITIONS

Une civilisation n'est pas l'œuvre d'une seule génération, un miracle. Quand nous attaquons le passé, ce sont les fondations mêmes que nous minons avec une terrible inconscience. Et c'est à quoi la France s'emploie depuis plus d'un siècle !...

Il n'y a jamais eu aucun fait social, aucune institution sociale sans antécédent historique. Et comme il n'y en a jamais eu, nous sommes assurés, autant qu'on peut l'être, qu'il n'y en aura jamais. La filiation est la méthode propre à la sociologie. Mais, dans notre démocratie parlementaire, on se soucie fort peu de la méthode sociologique pour traiter du social : il semble que le verbiage suffise.

Le travail mental ne s'effectue que par les morts qui sont en nous, le germe ne lève que dans l'humus accumulé par les ancêtres, siècle à siècle.

Ce qui vit le plus en nous, ce sont nos morts. Les nier, biffer nos traditions, c'est nous vider de notre sève, arracher nos racines. Nous ne sommes animés que de ce qui fut, nous ne sommes construits qu'avec les matériaux du passé. Et l'avenir même n'a pas de signification s'il n'est le prolongement continu de ce qui a été et de ce qui est.

Tout peuple évolue et se développe dans la ligne du destin que lui font sa terre et ses morts.

De même que c'est dans son métier qu'il excelle, qu'il affirme sa valeur sociale, c'est sa région, son village que chacun connaît le mieux, où il est le mieux connu. Ici, il n'est plus un vague électeur, une apparence, un passant, il est une personne vérifiée, contrôlée. Son influence est en proportion de sa qualité. Elle se transmet à ses enfants, qui l'affermissent. Tout homme est la résultante de sa race comme il est un élément germinatif de sa postérité.

Rien ne se peut établir qui vaille et qui dure sans continuité. Ce qui recommence est fatalement inférieur à ce qui se continue, et conséquemment ne saurait se maintenir. Nous sommes des êtres historiques, nous sommes des descendants et des héritiers.

L'avenir d'un peuple ne peut être que le projet de son passé. S'il méconnaît sa tradition, ce n'est pas pour avancer mieux, mais pour se détourner de son destin et pour déchoir.

D'avoir eu la même histoire, d'avoir travaillé, souffert, combattu, espéré ensemble, il reste quelque chose que rien n'efface, — ni le climat, ni le mode actuel d'existence, ni les fantaisies législatives, ni même le sang, — une manière de comprendre, de sentir, de réagir, une sorte de rythme psychologique.

Ce que nous pouvons être sans nos morts est bien peu de chose, — ce que serait un enfant, nu, abandonné dans la brousse africaine.

Suivant Auguste Comte, l'Humanité est l'ensemble continu de tous les êtres convergents. Un homme est donc un être social, continu et convergent. Il n'est rien autre qu'une brute mauvaise aux autres et à lui-même s'il ne prolonge ses ascendants, s'il ne se relie à ses contemporains et s'il ne laisse rien de lui à ses descendants pour que ceux-ci le continuent à leur tour.

Aimons ce qui a été, à travers les siècles, l'âme en élaboration de l'Humanité, tout ce que les hommes ont conçu pour s'élever, tout ce qu'ils ont fait pour être plus puissants, depuis les premiers vagissements du fétichisme jusqu'aux magnificences du catholicisme, depuis les primitifs silex taillés jusqu'aux merveilleux épanouissements de l'industrie moderne.

Les choses ont une âme qui s'est formée de nous comme notre âme se forme d'elles. Nos ancêtres ne revivent pas seulement dans nos meilleurs instincts, dans notre subconscient, mais encore dans la nature qu'ils ont corrigée pour leurs plaisirs ou leurs convenances, dans les monuments qu'ils ont construits, dans l'expérience qu'il nous ont transmise. Tout cela établit entre nous et la Cité des liens qu'on ne rompt point sans trouble.

Loin d'être la rupture complète et définitive des traditions, le progrès ne se réalise qu'avec les lentes et laborieuses acquisitions ancestrales.

Maintenir d'abord. Faire passer les affirmations avant les négations, la tradition éprouvée avant les innovations.

La patrie est le principe de toute organisation politique. Sa constitution mit fin au vagabondage grégaire, qui reparaîtrait si elle se décomposait. Il n'y a pas de société sans organisation, c'est-à-dire sans des organes et des fonctions se rapportant à un corps défini.

La patrie, c'est la terre des pères, c'est l'âme collective de tous les morts que nous portons en nous, c'est le capital moral de notre civilisation, et sa sauvegarde. Sans elle, nous ne sommes que des passants hagards qui se déchirent, des fantômes errants. Elle est aussi nécessaire à notre raison qu'à notre cœur.

Les sentiments familial et régional ont une tendance fâcheuse au particularisme. Quant à l'idée d'Humanité, elle n'a pas encore assez de substance pour éviter le vague et la dispersion. Le patriotisme, au contraire, est un centre d'énergies morales d'où rayonnent toutes nos activités sociales.

Notre patrie est plus qu'une majorité électorale, plus que l'unanimité des électeurs, et même que la totalité des vivants présents. Elle est le sol d'abord, ceux qui naissent sur ce sol et en tirent leur subsistance ; mais, plus encore, de plus en plus, elle est composée de ceux qui ont passé sur cette terre des pères, qui l'ont embellie, fortifiée, fertilisée de leur travail, de leur pensée et de leur amour ; de tous ceux enfin qui viendront après, l'innombrable postérité, avec toutes les possibilités d'un perfectionnement indéfini.

La patrie est un sentiment et un fait. Le sentiment est aussi ancien que le premier groupement humain. Le fait est récent, car il implique un état social avancé. La patrie française a mis des siècles à se constituer, par le fer, le feu, l'effort continu, discipliné des générations.

Rien n'est dans rien. L'Humanité n'est rien sans ses parties organiques : les patries. De même, la patrie ne serait rien sans les familles. Ce n'est pas avec des mots que se construisent les grands édifices humains, mais avec la pierre des réalités positives et le ciment de l'amour.

XIV

LA GUERRE ET LA PAIX

N'ayons pas le vertige de ce qui est grand ni la phobie de ce qui est fort.

La gloire fait mieux des hommes que le lucre.

La force est la vérité de l'action ; le pouvoir, celle de l'idée.

Jamais la force n'est vaine, jamais la souffrance par les excès de la force ne fut stérile.

Spencer prétend que la guerre, désormais, n'opère plus qu'une sélection à rebours, puisque ce sont les plus jeunes, les plus vigoureux, les plus sains qui sont choisis comme soldats et que l'artillerie tue dans le tas, au hasard.

C'est méconnaître le caractère social de la guerre moderne. La sélection ne s'opère plus directement sur les individus, comme au temps des cavernes, mais sur les nations. Et ce n'est plus la vigueur des muscles, mais les vertus sociales qui comptent.

La paix serait plus détestable que la guerre si elle dispensait les peuples d'exercer les vertus qui les élèvent.

Pour les nations, pour les races, comme pour tous les organismes, la loi est implacable : croître ou disparaître.

La colonisation fut de tous les temps en progrès et de toutes les races en développement. On n'enclôt pas son génie. Tous les peuples qui ont laissé quelque trace dans l'histoire furent colonisateurs. De nos jours encore, de grandes sociétés ont été fondées par la colonisation.

On a dit — et c'est là une des plus graves objections qu'on ait pu lui faire — que la colonisation démoralisait non seulement les peuples conquis, mais encore les conquérants. Sans doute, si c'était exact, cela ne prévaudrait pas encore contre la nécessité de vivre et la loi d'expansion ; mais ce n'est qu'une observation superficielle de faits individuels indûment généralisés. La colonisation purifie.

Sous l'ancien régime, la société se purgeait en expédiant aux Indes ses déchets. Ce sont des convicts, on le sait, qui ont colonisé l'Australasie, — État socialiste. Ce sont les Paulistas, descendants de déportés et de femmes indiennes, qui ont colonisé les serras arides de l'intérieur du Brésil, — État positiviste.

Quoi de plus passionnément moral et moralisateur que les grands mouvements religieux? Ne se sont-ils pas propagés ou défendus par des exodes, des croisades, des invasions, des guerres saintes, — des poussées colonisatrices lentes ou brusques, insidieuses ou violentes?

Comme toutes les grandes manifestations sociales organiques, la colonisation discipline et élève. Par l'exemple des hardis pionniers, elle enseigne à tous les vertus de l'énergie.

La colonisation, quand elle n'est pas de peuplement — forme primitive, instinctive, périmée désormais, la migration, — est une entreprise d'éducation.

Et toute éducation vivante est mutuelle. Un peuple s'agrandit de ce qu'il répand de son âme ; il se fortifie de ce qu'il dépense de son énergie ; il s'enrichit de ce qu'il donne de ses richesses. Coloniser, c'est élargir l'association, la faire plus complexe, c'est socialiser. Par là, toutes les possibilités concevables se peuvent réaliser. La colonisation est avant tout une grande force sociale de progrès.

Les individus comme les nations qui colonisent peuvent être mus, en apparence, par d'autres mobiles plus grossiers ; mais c'est bien à la fin que nous venons de dire qu'ils concourent vraiment. Sinon, ils n'auraient rien fondé ; les peuples colonisateurs, au lieu de grandir, dégénéreraient.

Un des plus sûrs profits de la colonisation, si nous en voulons chercher, c'est que les grandes entreprises coloniales élargissent l'horizon économique. Elles concilient l'ordre et le progrès : l'ordre à l'intérieur, le mouvement à l'extérieur. Par là, elles rapprochent les concitoyens, elles les apaisent, elles les distraient des disputes intestines, des discordes civiles, qui ne sont, en somme, que des perversions du besoin d'agir. Elles ouvrent un vaste champ aux activités aventureuses, aux initiatives qui ne s'exerceraient pas sans danger dans nos cités trop policées. Mauvaises ici, ces énergies deviennent excellentes et fécondes en Asie ou au centre de l'Afrique. Comme elle tire parti d'un sol et d'un sous-sol non exploités par des indigènes paresseux, superstitieux ou ignorants, la colonisation utilise certaines facultés de l'homme qui n'ont plus leur emploi en Europe.

La colonisation n'est pas la migration primitive. Celle-ci n'était qu'une impuissance de s'adapter à des conditions nouvelles, suscitées par des modifications climatériques, l'appauvrissement des territoires habités et l'accroissement de la population. Elle n'avait pour conséquence que de maintenir l'indivision du travail des chasseurs, pêcheurs, cueilleurs, pasteurs. La colonisation, au contraire, est un effort d'adaptation étendu et complexe qui entraîne une division plus parfaite du travail social.

La colonisation est le mode de reproduction des sociétés. Toute espèce tend à se développer, à se perpétuer. Quand cet instinct s'atrophie, ou quand des forces supérieures le compriment, c'est la dégénérescence rapide. Et alors cette espèce disparaît devant d'autres plus vivantes.

La colonisation, c'est la propagation de la civilisation la plus haute qu'on ait conçue et réalisée, la perpétuation de l'espèce la mieux douée, l'organisation progressive de l'humanité, la mise en valeur scientifique de la planète. Elle se justifie par sa définition même. Elle se prouve par ses résultats.

Coloniser, c'est, proprement, cultiver ; mais il faut l'entendre au sens le plus étendu : cultiver le sol, cultiver l'homme.

Aux appétits individuels, aux instincts indisciplinés, à l'abus des abstractions logiques, au culte absurde des entités métaphysiques, au particularisme d'individus de corporations ou de partis, nous avons à substituer l'esprit social dans les affections, dans les pensées et dans les actes. Il faut placer les éléments organiques de la société au-dessus de toute discussion : la famille, la patrie. Nos pensées et nos actes ne valent que par rapport à la famille et à la patrie d'abord, à l'Humanité enfin.

Par la famille, la patrie, l'Humanité, qu'il sert avec dévouement et amour, l'homme n'est plus l'être de hasard qui passe, inquiet, méfiant, méchant, en lutte contre tous et avec lui-même : son existence lui est intelligible, il continue ce que ses ancêtres ont été et il connaît que ses descendants continueront ce qu'il fut. Il vit pour autrui, parce que c'est en autrui seulement qu'il se peut dépasser et se survivre.

La paix est dans l'ordre. L'esprit de haine est élaboré par l'ignorance, la disette, le chaos. S'il a inventé les armes, ce ne sont pas les armes qui l'exaltent.

Si la paix universelle s'établit un jour, ce ne sera que dans les conditions d'unité morale qu'il y faut. Il n'est de progrès que dans la voie de l'ordre. C'est être dans ce bon sens que de sauvegarder militairement l'indépendance nationale. Vivre d'abord.

Nulle contrainte matérielle ne peut établir l'ordre moral. S'il y va de son existence, un peuple ne se peut laisser imposer des devoirs à l'égard de l'ensemble des autres peuples par la contrainte et même par le contrat. Pour assurer le concours de tous les peuples à l'œuvre humaine, il faut une force plus grande que celle des canons ; et pour garantir leur indépendance, une caution plus sûre que celle des « chiffons de papier ». C'est pourquoi aucun empire trop vaste n'a pu durer : le sabre est trop faible. C'est pourquoi tout traité de paix est finalement déchiré : le papier est trop fragile.

La paix ! Il y faut l'ordre international, et qu'un gouvernement l'établisse et l'affermisse constamment. Pas de société — de familles ou de nations — sans gouvernement. Et il n'y a qu'un gouvernement spirituel indépendant qui puisse se faire entendre de tous les gouvernements temporels dont les intérêts s'opposent.

L'unité du genre humain n'est pas un départ : elle est un but. Ce but, on ne l'atteindra peut-être jamais : on y tendra toujours. Non par l'égalisation, mais par la différenciation organisée. Ce sera l'objet d'une politique mondiale scientifique de faire concourir les spécialisations d'individus, de races, en hiérarchisant les individus dans les races, comme les races dans l'Humanité, et en réglant leur activité pour les faire converger.

C'est contre la paix européenne qu'on a attaqué la puissance des papes. Si l'on ne peut dire d'aucun régime politique qu'il est la paix, laquelle est d'ordre spirituel, il est certain que le jacobinisme plus spécialement est la guerre. Et dans les plus mauvaises conditions pour le pays qui a le malheur d'en être infecté, puisque, en suscitant la guerre par le désordre extérieur, le jacobinisme retire à ce pays, par le désordre intérieur qu'il entretient, l'énergie et les moyens de se défendre et de vaincre.

L'Église seule a pu internationaliser le latin. Un pouvoir spirituel seul peut universaliser une langue, parce que seul un tel pouvoir commande aux passions et aux intérêts particuliers et momentanés.

Vraiment, on ne saurait considérer comme un réel progrès, un progrès bienfaisant, que le Bas-Breton puisse participer aux disputes politiciennes et chanter en français, en argot, sinon en espéranto, l'*Internationale*, d'immondes obscénités, ou *J'ai engueulé l'patron*. Qui donc se réjouirait que Max Stirner, Bakounine et F. Nietzsche soient mis à la portée de nos Bonnot et Garnier ?

Ce sont les mots les plus grossiers que les peuples s'empruntent d'abord, et leurs vices. Au reste, plus ils peuvent se parler, plus ils se haïssent. Voyez les populations des frontières. Dans l'état de choses actuel, en France, on souhaiterait plutôt la résurrection des patois qui, jadis, séparaient les provinces et les préservaient des contaminations morales par cette sorte de cordon sanitaire. On souhaiterait même l'institution de dialectes de classes.

Dans l'anarchie intellectuelle présente, il y aurait certainement beaucoup plus d'inconvénients que d'avantages — surtout pour la paix du monde — à ce que les communications fussent facilitées. Quand on ne s'entend sur aucun principe fixe, il est préférable de ne pas prendre contact et de ne pas se parler.

L'unité nationale n'est pas l'uniformité administrative. Elle l'exclut même. Notre bureaucratie et notre réglementation excessives suppléent seulement au pouvoir central absent.

L'empirisme des diplomates n'a abouti qu'à l'équilibre européen. Et pour une paix instable, la guerre latente. Ce n'est qu'un expédient d'anarchie dont les minces résultats nous sont connus. Même à la Sainte-Alliance, qui fut la plus grande pensée de la diplomatie, il a manqué ce que les politiques, fussent-ils des Metternich, ne sauraient donner : une autorité morale. La diplomatie a surgi de la confusion des pouvoirs. Mais la ruse ne saurait suppléer toujours un esprit commun.

Le plus grand des jacobins, Bonaparte, pour réaliser l'ordre matériel, a diposé des forces énormes de plusieurs peuples et du fanatisme de l'erreur. Il aboutit pour lui-même à Sainte-Hélène et, pour la France, à Waterloo. Habile ? Génial ? Sans doute ; mais d'une habileté, d'un génie diaboliques à poursuivre sa ruine et celle de la France. Que n'avait-il, avec son savoir-faire, un peu du savoir-penser, de la science politique dont était pourvu le plus humble évêque du moyen âge ?

Non plus que le canon ou la diplomatie, hélas ! l'éloquence et ce qu'ils appellent la « raison » ne sauraient unifier le monde. Jusqu'ici elles n'ont pu que déchaîner la guerre civile.

Ce ne sont pas les confuses revendications de prétendus « droits » qui peuvent constituer un lien social, mais l'accomplissement régulier des devoirs. Et aucun peuple ne se peut laisser imposer des devoirs à l'égard de l'ensemble des autres nations par la contrainte et par le contrat. Il serait un traître, l'homme d'État qui sacrifierait les intérêts vitaux de sa patrie à ce qui ne peut durer autant qu'elle : une chimère, une alliance ou un traité. C'est dans l'ordre spirituel seulement, éternel et universel, qu'un peuple se peut reconnaître des devoirs plus larges, plus élevés que celui de se maintenir *per fas et nefas*.

Il est évident que ce sont les « droits » de l'homme qui ont provoqué et généralisé la guerre sociale comme ce sont les « droits » des peuples qui déchaînent la guerre internationale. En invoquant le « droit », les faibles ne cherchent qu'à suppléer les vertus qui leur font défaut et les forts qu'à accroître leurs forces, — et pour vivre, c'est-à-dire se maintenir et se développer.

Jamais il n'y a eu tant de conflagrations, jamais les batailles n'ont été si fréquentes, si meurtrières, jamais les petits peuples n'ont été molestés si aisément et la France elle-même si souvent envahie (cinq fois en 125 ans) que depuis la proclamation des « droits de l'homme », de la « souveraineté du peuple » et du « principe des nationalités ». Il n'y a jamais eu, en Europe, tant de troupes sous les armes, de baïonnettes croisées, de canonnades, de sacs et d'entre-tueries si féroces que depuis qu'il y a des antimilitaristes, des internationales ouvrières ou capitalistes, intellectuelles ou économiques, des congrès pacifistes, un tribunal d'arbitrage et un palais de la Paix à La Haye.

L'impéritie ou l'impuissance n'évitent rien. Elles attirent le pire. En troublant les esprits, les entités métaphysiques — « droit », « justice », « démocratie », etc., — égarent les volontés, divisent, opposent. Elles multiplient les occasions de conflits dans la mesure où elles étendent le désordre.

Il est remarquable que ce soit l'Allemagne, dont la principale industrie fut toujours la guerre, qui ait le plus disserté sur le droit des gens et la philosophie du droit.

Ils nient la patrie par horreur de la guerre, disent-ils ; mais aussitôt ils engagent la guerre atroce, constante et confuse de tous contre tous, celle-là même où le prolétariat producteur perd tout, sans recours. Ils oublient que, pour les nations organisées, la guerre n'a jamais pour objet qu'une paix plus durable et plus digne, même la guerre de conquêtes, et aussi de se limiter et de se régler. Au reste, si la paix est un bien, et si nous la désirons, nous savons que ce n'est point le plus précieux des biens. Nous n'entendons pas lui sacrifier ce qui lui est supérieur, — notre civilisation, par exemple, et la terre des pères qui nous fera revivre dans nos enfants.

Quand ils ne sont pas des politiciens trop roublards, les pacifistes sont de grands naïfs. Mais combien dangereux ! La France, qui est leur principal champ d'action, en a fait la douloureuse expérience. Car nos désastres de 1870-1871 et de 1914 sont imputables autant à l'insuffisance d'une administration qui n'avait rien su prévoir afin de pourvoir qu'à la suffisance de rhéteurs écervelés qui nous adjuraient de réduire notre armement pour « déclarer la paix au monde » et « la guerre à la guerre ». Et cette terrible leçon n'a pas fait taire les bavards !

La guerre de peuples a sur la guerre de classes l'immense avantage d'être provisoire et circonscrite. Or si toute guerre exalte les énergies, celles-ci ne sont fécondes socialement que dans la paix. Ce n'est pas sur un champ de bataille qu'on fonde des institutions et qu'on organise la production.

Certes, il est bon d'avoir de hauts propos, de dépasser les petits faits présents, de tâcher à comprendre l'avenir ; mais ce ne peut être qu'après avoir compris le passé et s'être appuyé sur les grandes réalités du monde actuel.

Ne hasardons pas l'enjeu de la France sur un coup de dé, sur des présomptions, sur une probabilité. Avec l'enthousiasme des apôtres, cultivons un froid réalisme ; avec de larges vues et un haut idéal, ayons le souci des nécessités immédiates et des gains minimes ; avec des convictions profondes, gardons le sens aigu du relatif, une intelligence compréhensive et une volonté robuste qui sait se discipliner.

XV

LE FÉMINISME

Comme on ne lui parlait plus de devoirs et de sacrifices qu'au nom de principes théologiques auxquels il croyait de moins en moins, parce qu'on l'en avait détourné, à tout le moins prématurément, le peuple alla naïvement vers ceux qui, pour le mieux asservir, lui parlaient de droits et de jouissances, au nom de vains principes révolutionnaires. La douce influence morale de la femme ne le retint que jusqu'au jour où celle-ci, son foyer détruit par la barbarie économique et par une législation insensée, se laissa prendre à son tour par les détestables sophismes. Dès lors, il n'y eut plus que la force la plus brute.

Si le désordre politique et économique est funeste au prolétariat, le désordre moral l'est bien plus encore à la femme. On sera donc avec la femme contre le prétendu féminisme de démoralisation, comme on sera avec le prolétariat contre la démagogie désorganisatrice.

Le féminisme n'est qu'une forme d'individualisme. Non la moins pernicieuse. C'est une maladie sociale. Et donc il est vain de lui opposer des raisons ou des sermons. Nos émancipées sont souvent des logiciennes remarquables ou des moralistes fort respectables, — encore qu'elles ne peuvent être les deux à la fois.

Il n'y a plus de classes sociales, a-t-on dit, — et l'on voudrait que, socialement, il n'y eût plus de sexes. C'est reconnaître qu'il n'y a plus de fonctions sociales, et donc plus de société. Pas de fonctions sans organes appropriés et pas d'organisme social sans fonctions différenciées.

Pourquoi le progrès, ce dieu omnipotent qu'exige notre démence pour s'épanouir, ne changerait-il pas, avec le ventre, le cœur et le cerveau de la femme, l'ordre caduc de la nature?

Il est malheureusement trop vrai, comme le soutiennent les féministes, que certaines femmes parviennent à se débarrasser assez facilement, soit par une douloureuse nécessité qui est la honte de notre prétendue civilisation, soit par orgueil ou vice, des deux qualités caractéristiques de leur sexe : la pureté et la tendresse. Mais ce ne sont plus alors que des monstres sociaux.

La civilisation ne va qu'avec la division du travail social. Son premier pas fut la différenciation sociale des fonctions sexuelles. Le progrès ne consiste point à uniformiser pour dissocier ; mais, au contraire, à spécialiser pour solidariser.

C'est moins le meilleur fonctionnaire que le meilleur fonctionnement que nous avons à rechercher. Par exemple, on ne saurait disconvenir que beaucoup de femmes soient plus dignes d'occuper certaines places de direction que les titulaires masculins de ces places. Mais la question est bien plus complexe. Il y a les conséquences sociales. Ce n'est pas là que la femme est indispensable. Ce n'est pas là qu'elle donne le plus. Il faut des classes, il faut des catégories, et que chacune se tienne à sa fonction. La différenciation sociale des sexes est indiquée par la nature. C'est la plus ancienne et donc la plus tranchée. On ne la supprimera tout à fait qu'avec la civilisation.

Le féminisme n'est que la transposition, chez la femme désemparée, de toutes les erreurs, de toutes les insanités révolutionnaires : individualisme, matérialisme, jacobinisme.

Ces théories soit-disant nouvelles, qui ne font illusion qu'aux cerveaux creux, mal instruits ou mal construits, l'Humanité les a toujours connues. Elles sont vieilles comme la sottise, l'ignorance et l'envie. C'est le cri stupide de la bête révoltée contre l'Esprit : *Non serviam!...*

La femme est-elle inférieure à l'homme? Non pas. La femme ne se sépare pas de l'homme. L'individu n'est qu'une abstraction. Il y a la famille, il y a la patrie, il y a l'Humanité. Ce sont les êtres réels. Ils sont composés d'hommes et de femmes. Il y a des hommes qui sont supérieurs à des femmes et des femmes qui sont supérieures à des hommes, et non pas en toutes choses et toujours, mais en quelques-unes et à certains moments, — et non en soi encore, mais en valeurs sociales utilisables en notre temps. Or chacun obtient sa plus grande valeur sociale utilisable en restant dans sa fonction, en l'aimant, en s'y perfectionnant. Et surtout la femme. Plus qu'à l'homme, l'agitation, l'instabilité, la déviation, le déclassement, le bovarysme lui sont funestes.

C'est la femme qui peut relever la femme. Et non par des sermons. Par l'exemple. En faisant les mœurs. En mettant tous les devoirs à la mode, d'abord celui d'avoir des enfants et de les élever.

Dans la négation métaphysique et la destruction révolutionnaire du XVIIIe siècle se trouvent les principes de toutes les négations et destructions subséquentes. Les « droits de l'homme » devaient nous amener à ceux de la femme, le suffrage universel de l'homme à celui de la femme, le divorce à l'amour libre, le désordre au chaos, la divagation à la folie, le libertinage à la pourriture.

C'est l'état social, et particulièrement la place que la femme y occupe, qui mesure une civilisation. C'est le catholicisme qui, par la touchante institution de la chevalerie au moyen âge, par le culte émouvant de la Vierge Marie, a élevé, libéré, sanctifié la femme. Et si, aujourd'hui, celle-ci s'avilit par le divorce, la rébellion, l'activité matérielle, la désertion du foyer, la dépravation des mœurs, les divagations morales et intellectuelles du féminisme, et tous les détraquements physiques qui s'ensuivent, c'est qu'elle a désappris de prier et d'aimer.

Le féminisme ne grandit pas la femme, il l'avilit. En lui dispensant tous les « droits » et les licences, il lui retire sa réelle, sa profonde influence sociale, et toute chance de bonheur.

En réclamant des mesures législatives, auxquelles elles prêtent, avec une candeur extrême, la vertu des miracles, les féministes proclament en fait la déchéance féminine. C'est une véritable abdication. Le moyen âge sanctifiait la femme en élevant des autels à la Vierge Marie ; nos féministes nous font agenouiller devant la basoche. Des cours d'amour aux tribunaux, ce n'est pas un progrès.

C'est une négation inconsciente de tout ce que la civilisation — si elle a un sens — tend à réaliser de plus en plus : la prédominance de la persuasion sur la contrainte, la subordination morale du temporel au spirituel.

Persuader, par le cœur et par la raison, ou contraindre : pas d'autre procédé pour assurer le concours indispensable dans tout groupement humain. Dans le désordre, ni la pensée, ni l'amour ne peuvent agir suffisamment, et il faut contraindre. C'est pourquoi, aujourd'hui, l'étatisme jacobin intervient dans tout et pourquoi une légifération à outrance paralyse toute vie sociale.

Elles manquent d'ailes, les chimères féministes. Dégagées de leur phraséologie, elles apparaissent vulgaires, niaises, grossières, anti-féminines surtout.

C'est la puissance matérielle, et elle seule, qu'on envisage, qu'on sollicite et dont on veut disposer. Il semble qu'il n'y en ait plus d'autre, qu'on ne se sente plus capable d'obéir à des raisons, à des devoirs, et même de s'oublier dans une étreinte...

Il ne faut pas donner le bulletin de vote à la femme, il le faut retirer à l'homme.

C'est à un mirage que les féministes conseillent aux femmes d'immoler leur sécurité, leur charme, leur véritable puissance, leur bonheur.

Quand on dit que « la prisonnière du foyer » doit devenir « la conquérante de la Cité », cela fait songer à des chrétiens démocrates, qui, pour le grandir, proposeraient au « prisonnier du Vatican » d'en faire un député.

La femme est certainement la plus pitoyable victime de notre anarchie. Mais ce n'est pas en aggravant l'anarchie, — même modérément, comme le souhaitent les féministes modérées, — qu'elle reprendra sa place au foyer. C'est en reconstituant le foyer, en rétablissant l'ordre.

Les féministes demandent à participer à ce qui est le pouvoir de la contrainte. Par là, elles méconnaissent la grandeur de la femme, elles tendent à l'abaisser. La puissance sociale de la femme est dans l'affection et le dévouement. Si l'on veut vraiment la préserver de toutes les misères sociales qui l'accablent aujourd'hui, ce n'est pas en la faisant participer à l'anarchie qui suscite ces misères qu'on y parviendra ; mais en rétablissant l'ordre qui ne les supporte pas. Et d'abord en reconstituant la famille, assise fondamentale de l'ordre social.

Pour le crime, dit-on, il faut chercher la femme. Pour les vertus, qui font les sociétés prospères, non moins. Si les femmes font les mœurs, elles les défont aussi. On ne le voit que trop, présentement.

La femme qui n'a plus une fonction sociale précise, et donc qui n'est plus un élément social indispensable, se met à la merci du mâle, toujours porté à abuser de sa force pour contenter son goût de domination ou assouvir des instincts lubriques et féroces. C'est ainsi que la femme, en voulant « affirmer sa personnalité », « s'affranchir des devoirs désuets », revient au plus ignominieux esclavage.

Avec tous leurs « droits », les femmes ne peuvent plus rien contre les bestialités déchaînées. Leur charme et leur puissance étaient dans l'accomplissement de leurs doux devoirs. A mesure qu'elles s'y refusent, pour conquérir « l'indépendance », elles vont, en réalité, à l'esclavage. Femelles de luxe ou bêtes de somme, elles ne valent plus, dès lors, que pour la volupté et l'exploitation.

Ce qu'il y a de plus inquiétant dans le féminisme, c'est qu'il tarit les sources vives de la pureté et de la tendresse féminines, et par là annihile cette douce influence, indispensable à la civilisation pour contenir la brutalité musculaire, la divagation mentale et le dévergondage des sens.

La femme ne peut que perdre immensément, et sans aucune compensation, pas même les satisfactions d'un sot orgueil, à ce que, dans les rapports sociaux, la contrainte brutale, la force matérielle, se substituent partout à la persuasion de la raison ou du sentiment, à l'intelligence et à l'amour.

N'attendant plus rien de l'amour, la femme cherche de plus en plus à provoquer le désir. Elle est déjà l'esclave de la mode, comme l'homme de ses lubricités. Et c'est ainsi qu'ils s'avilissent mutuellement. Et ce sera bientôt tout ce qu'il restera à la femme de son ancienne puissance morale.

La femme s'assujettit aux moindres décrets de la mode avec une docilité inlassable. Ne l'en blâmons pas. Elle apprend ainsi à surmonter sa plus grande difficulté de nature : l'obéissance. Ève n'eût pas péché contre la mode. Obéir à son couturier, c'est déjà quelque chose.

En se voulant agréable, charmante ou charmeuse, la femme la plus écervelée participe à la sociabilité ; elle ne s'intéresse pas qu'à soi, elle se subordonne à un sentiment collectif, à une règle commune. En suivant étourdiment un courant d'imitations, elle aime ce qu'elle copie ou ce qu'elle envie, elle s'évade de soi-même.

La mode n'est frivole que pour les esprits superficiels, en apparence. Au fond, elle est un exercice agréable de discipline et de respect de l'opinion publique. Elle oblige à s'occuper d'autrui. Et pour beaucoup d'âmes minimes, c'est le seul altruisme dont elles sont capables. Ce serait les dégrader, les réduire à rien que les en détourner.

Qu'un monsieur se congestionne dans le carcan d'un faux col qui le décapite pour qu'on ne le mésestime point et qu'une madame se meurtrisse les côtes et s'aplatisse le ventre par une armature d'acier pour ne pas déplaire, vraiment cela est touchant. Encore que le moyen soit stupide, l'intention est louable. Animons ces êtres capables de tels sacrifices, et ils appliqueront leur vertu sociale, ramenée au bon sens, à de plus grandes choses. Ainsi s'élève l'Humanité.

Toute règle vaut par quelque côté. Même celle du chiffon futile.

Si les décrets de la mode sont absurdes et immoraux, soyons persuadés que, là-dessus, l'imagination des coquettes, livrée à ses seuls caprices, les dépasserait bien vite.

XVI

LE TRAVAIL DES FEMMES

On parle de préserver la femme de la prostitution par le travail. La vérité, c'est que l'atelier féminin se déverse sur le trottoir, — par la corruption de la promiscuité, les nécessités du chômage ou pour compléter un salaire d'appoint insuffisant. C'est en étant filles de peine que tant de malheureuses se préparent à être filles de joie. La destruction du foyer qui en résulte active aussi la propagation de la débauche, par l'homme et la femme.

Le travail des femmes est plus désocialisant que la prostitution. Il pousse les filles au lupanar, tandis que la prostitution ne les pousse point à l'usine. La prostitution se peut circonscrire, le travail des femmes a une propension incoercible à se généraliser.

Plus se généralise le travail féminin, c'est-à-dire plus il y a d'ouvrières qui ne cherchent ou peuvent accepter de ne chercher dans le travail qu'un salaire d'appoint, plus affreux est le sort des veuves ou des abandonnées sans autres moyens d'existence que leur aiguille, parce que vieilles, laides ou honnêtes.

L'atelier est un milieu de démoralisation pour la femme ; tout travail qui n'est pas celui du foyer, toute préoccupation de gain, tout ce qui n'est pas aimer est profondément démoralisateur pour la femme. Et ce ne sont pas des paroles, même les plus belles, qui peuvent contrebalancer toutes les influences dissolvantes du travail salarié des femmes. La prostitution ? C'est dans les magasins, dans les ateliers qu'elle s'enseigne, théoriquement et pratiquement. Le nombre des prostituées est proportionnel à celui des ouvrières. Plus on facilitera le travail féminin, même au moyen de la « divine charité », plus le nombre des femmes travaillant augmentera, moins il y aura de foyers heureux et plus il y aura d'ivrognes au cabaret et de filles battant le trottoir.

Il y a des ouvrières qui se prostituent d'occasion, dans les périodes de chômage, parce qu'elles ont faim, ou le soir, après leur dur labeur, pour compléter leur salaire. Il en est qui ont à subir en souriant les paroles, les gestes, voire les actes libidineux des commis, du contremaître, du patron, parfois des clients, pour ne pas être renvoyées ou pour s'assurer de l'ouvrage assez rémunérateur. Il y a celles qui sont tenues de prendre un amant quelconque pour se faire payer leurs robes et leur loyer. Il y a enfin celles que les circonstances ne favorisent point et qui, lasses d'une vertu trop difficile, se laissent glisser jusqu'au fond...

Ce n'est pas seulement la prostitution qui est en proportion avec le féminisme économique, c'est aussi l'alcoolisme, le malthusisme et toutes les formes d'infanticide, la mortalité infantile, toutes les maladies sociales, etc.

Les ateliers féminins ne sont pas seulement des foyers de contamination morale, mais encore des fabriques d'imbéciles, d'hystériques et de folles. C'est là qu'on se passe les plus stupides feuilletons, écrits spécialement pour cette catégorie de lectrices, les journaux qui racontent avec le plus de détails, de commentaires et d'illustrations les scandales de mœurs et les crimes, ceux où l'on trouve des annonces d'entremetteuses et de sages-femmes avorteuses. C'est là que se propagent les superstitions nègres du spiritisme. A ce sujet, il y aurait une enquête bien curieuse à faire dans les ateliers de modes de Paris. Le lucratif commerce des tireuses de cartes ou d'horoscopes, des « voyantes », etc., qui a pris tant d'extension depuis quelques années, y trouve sa principale clientèle. Certaines sorcières passent dans les ateliers. La vente des gris-gris n'y obtient pas moins de succès que dans le centre de l'Afrique. Aussi, le plus indulgent des observateurs, surprenant par hasard un babillage de midinettes, ne laisse pas d'être effaré par la perversité inconsciente et l'insondable bêtise qu'il découvre...

Il faut montrer à la jeune fille, à la femme mariée, à la mère de famille que leur travail salarié n'apporte pas plus de bien-être à la maison. Non seulement elles y risquent la santé, elles s'y gâtent le cœur, elles s'y abêtissent, elles s'y dénaturent ; mais, en délaissant le ménage, elles rejettent l'homme au cabaret ou au bouge ; en négligeant l'éducation des enfants, elles préparent des brutes, des dépravés et des apaches.

Les femmes de professions libérales, surmenées, n'ont pas réalisé le miracle de nourrir l'amour avec des rivalités d'orgueil et de faire du bonheur avec de la fièvre.

Hélas ! « l'avènement civique de la femme dans le monde », c'est le magasin, l'atelier, l'usine, le bureau qui anémient, détraquent, démoralisent, et jettent au ruisseau, à l'hôpital tant de malheureuses, — lamentables victimes de tant de sophismes, de littérature et de barbarie...

Le polythéisme entretenait la sensualité, ce qui favorisait la tendresse. Le catholicisme, cultivait la pureté, mais parfois au détriment de l'amour. Il nous faut exalter à la fois la pureté et la tendresse. La femme qui n'est pas chaste ni aimante, celle que nous font l'atelier, la rue et le « monde », est une monstruosité sociale.

Ce n'est pas de ne rien faire que la femme se détraque. Comme beaucoup d'hommes, c'est de ne pas se tenir à ce qui est à faire, de ne pas le faire quand et comme il faut, pour s'agiter à tout propos, se dépenser dans de multiples occupations aussi épuisantes que vaines, — depuis les onéreuses minuties de la toilette, les grotesques rites mondains, jusqu'aux entreprises philanthropiques ou prétendues sociales.

Toute préoccupation économique, quand elle ne fait pas partie des douces attentions que comporte sa mission de tendresse, ne peut que dégrader la femme. Non seulement celle-ci doit être affranchie définitivement de toute obligation de travail ; mais encore de tout souci de gestion quelconque.

C'est en écartant toute rivalité et concurrence que se peut réaliser complètement l'amitié dans l'union des deux sexes, — et elle ne se réalise que là et par là.

XVII

MARIAGE ET DIVORCE

L'instinct animal a fait s'étreindre deux corps : ce n'est pas de l'amour, ce n'est pas le mariage. Après le spasme, rien d'eux ne reste uni, rien d'eux n'est amélioré. Au contraire, chaque parole, chaque mouvement sera un heurt. Deux forçats enchaînés ensemble par la même ignominie se haïssent à mort.

Pour la dignité de la femme et de l'homme, pour le bonheur des enfants, il ne faut pas que l'idée d'un changement possible dans l'union conjugale puisse y provoquer en réveillant la lubricité du mâle, en surexcitant la nervosité de la femme, en livrant la faiblesse humaine à toutes les suggestions de la lâcheté ou de l'instinct, en ne contenant plus aucun réflexe, en ne retenant plus aucune impulsion égoïste. Sinon, nous n'avons plus le mariage, mais une rapide rétrogradation vers l'ancienne union libre, le concubinage et la promiscuité grégaire de l'homme des cavernes.

Le vol, l'assassinat, l'amour libre, le féminisme ne sont pas seulement condamnables pour un esprit sensé parce qu'ils outragent les mœurs et heurtent les opinions du jour : les mœurs et les opinions se peuvent modifier. On les condamne parce qu'ils comportent des conséquences destructives dont les « relations invariables », auxquelles sont soumis tous les phénomènes sociaux, nous avertissent. Voyez le mariage. Pour tout Occidental clairvoyant, il n'y a pas de doute que le mariage indissoluble, tel que l'a institué l'Église, est la condition d'existence de la famille, comme la famille est l'élément organique de la société civilisée. A. Comte avait prévu les suites fâcheuses du divorce, et qu'il nous mènerait rapidement à l'amour libre, c'est-à-dire à la dissolution de la famille, à l'esclavage économique de la femme, obligée au travail et à la prostitution, à l'enfant apache, — et au reste qui va venir. Les dogmes ont leur utilité.

Le positivisme se rencontre avec le catholicisme pour condamner la barbare, la rétrograde loi du divorce.

La monogamie, c'est-à-dire l'union exclusive et indissoluble, est une des dernières conquêtes de la civilisation, et la plus précieuse. C'est pourquoi elle est si peu assurée encore.

Qu'on se rappelle les éloquentes et généreuses campagnes pour le divorce. On citait d'affreuses, d'inextricables situations : des maris infâmes, des épouses indignes, des enfants exploités, torturés, les crimes passionnels... Qui n'eût été ému ?

On ne voyait que les inconvénients de l'indissolubilité du mariage, les maux qu'entraîne l'inévitable imperfection des institutions humaines. Il paraissait de toute évidence que le divorce allait les supprimer.

Il les a effroyablement aggravés. Il a fait du mariage un accouplement précaire, sans précautions et sans garanties, et les maris infâmes, les épouses indignes, les enfants misérables, les entretueries passionnelles se sont multipliés. Il y a beaucoup moins de ménages heureux, et la famille se désagrège.

Le divorce devait libérer, et il asservit. C'est que le mariage, comme toute institution sociale, est une garantie pour le doux et le faible. La barbarie n'est que pour les fauves qui ont des griffes et de formidables mâchoires.

Avec le divorce, la désagrégation de la famille, qui détermine celle de la société tout entière, est inéluctable, parce que les désordres qu'il provoque nécessairement ne peuvent être atténués momentanément qu'en facilitant de plus en plus la rupture des faibles liens qui subsistent encore et qui n'ont été contractés, avec tant de légèreté d'ailleurs, qu'en vue d'une rupture possible. Avec le divorce, ce sont les mauvais mariages qui deviennent la règle.

Étant un ferment de dissolution, le divorce ne se peut contenir dans certaines limites. Il le faut supprimer, aller jusqu'à la monogamie parfaite, ou accepter de revenir à la promiscuité primitive. La polygamie, ou plus exactement la polygynie orientale, serait socialement un moindre recul ; mais elle suppose l'esclavage de la femme.

Le divorce est un remède qui atténue provisoirement quelques inconvénients du mariage, mais qui généralise une infection mortelle.

N'ayant plus la vigueur morale de revenir à la vérité du mariage indissoluble en principe, on est conduit à penser que c'est dans ce qui reste de règle qu'est le mal produit en réalité par le relâchement des liens.

Du divorce facile à l'amour libre, il n'y a qu'un pas ; de l'amour libre à la chiennerie, la distance est moindre encore.

Le mariage doit unir exclusivement et indissolublement deux êtres humains ; non deux bourses ou deux corps, mais deux âmes. La mort elle-même ne saurait rompre ce lien sacré. Et ici, il convient de dépasser le catholicisme en conseillant l'engagement mutuel du veuvage éternel et la communauté de cercueil. C'est la suite naturelle de l'unité de lien.

Mais si le mari est une brute? — On ne confie pas sa vie, celle de ses enfants à une brute.

Une jeune fille ne doit épouser que celui à qui il lui est agréable d'obéir, et ce sera précisément celui sur lequel sa tendresse pourra avoir le plus d'influence. Si, au moment des fiançailles, de basses considérations de situations, de fortune ou autres, lui ont fait passer sur les vices d'une nature grossière, si elle ne connaissait pas assez l'être avec lequel elle se liait à jamais, la société ne saurait intervenir. Ce sont là des fautes individuelles graves qu'il faut payer durement pour qu'elles ne se multiplient point.

Si l'on ne considère que l'ordre familial, c'est à-dire la plus grande extension possible de la puissance féminine, on est amené logiquement à proscrire l'absurde usage des dots, et par corrélation l'héritage féminin. Non seulement il convient de favoriser par là une suffisante concentration des capitaux « chez ceux qui doivent en diriger l'emploi », mais encore de préserver la femme de la corruption par l'argent.

Il faut se préparer dignement au mariage. Il faut que, dans de longues fiançailles, les futurs conjoints apprennent à se connaître. Si la rupture doit se faire, c'est avant et non après. Aussi le mariage ne sera ni trop précoce ni trop tardif.

Si la femme a choisi celui sur lequel sa tendresse peut agir, son influence sera d'autant plus profonde sur son mari, sur ses enfants, dans son entourage, qu'elle sera plus complètement dégagée de toute responsabilité matérielle.

Et d'abord sa facile soumission maintiendra l'ordre dans la famille en donnant aux enfants l'exemple de l'obéissance. Or, c'est dans l'ordre, ne l'oublions pas, que la puissance du spirituel se développe. C'est donc dans la famille fortement constituée que le cœur de la femme rayonnera le plus et ainsi que le commandement prendra de moins en moins d'importance.

Le mariage est l'acte le plus important de la vie. On n'atténue les responsabilités des actes sociaux qu'en aggravant les désordres. Ici, l'homme et la femme doivent savoir d'abord que, le mariage étant indissoluble, rien ne pourra les préserver des funestes conséquences du mauvais choix que la légèreté, la sottise romanesque, la vanité, la luxure, la cupidité, etc., ont inspiré.

Cette responsabilité pèse surtout sur la femme, parce qu'elle est faible, parce qu'elle sera mère, parce que c'est elle qui doit choisir. Et cela devient une partie de sa fonction sociale, non la moindre, de se faire mériter et de susciter ainsi une noble émulation.

En prescrivant que la présence du prêtre y est indispensable, le Concile de Trente (1563) et l'ordonnance de Blois (1579) proclamèrent que le mariage est un acte social qui intéresse la société tout entière et auquel celle-ci donne sa consécration. C'était instituer définitivement la monogamie.

Le mariage est une coopération morale pour l'amélioration réciproque des époux. Et il n'y a pas coopération sans spécialisation de fonctions et sans hiérarchie.

En concevant la famille comme destinée à assurer et étendre l'action de la femme sur l'homme, le mariage devient la principale source du perfectionnement moral et, par suite, « la base essentielle du vrai bonheur humain, tant public que privé ».

Le mariage fonde la famille. Mais il ne saurait atteindre son but essentiel, qui est le perfectionnement moral réciproque de l'homme et de la femme, surtout de l'homme par la femme, qu'en étant à la fois exclusif et indissoluble.

XVIII

LA FEMME AU FOYER

L'ostentation de richesse remplace tout. Ne se pouvant distinguer par le goût qu'elles n'ont plus ou qu'elles n'osent plus avoir, les mondaines subissent toutes les suggestions baroques des mercantis qui les grugent. Et le pire, c'est que, jusqu'au plus pauvre, on suit le mouvement. L'universelle libération des pensées, des actes et des sentiments aboutit à cette démence générale, à cette bouffonne tyrannie.

Au foyer, la femme n'obtient les hommages auxquels elle aspire que par ses vertus ; au dehors, que par sa frivolité, en excitant l'érotisme plus ou moins platonique du mâle. C'est pourquoi, en toute ingénuité, elle en vient à s'exhiber en public, même dans la rue, presque nue, ou plus que nue. Et cette impudeur n'est pas faite, sans doute, pour amener l'homme à plus de chasteté.

Pour les femmes, hors le foyer, stériles, détachées de toute croyance, sans idéal humain, la mode est la dernière barrière de la civilisation. Peut-être même de la pudeur. Tant que les femmes dissociées se flanqueront sur la tête des chapeaux de deux kilos et de deux mètres de circonférence, tant qu'elles accepteront héroïquement toutes les gênes, les dangers et les tortures de la mode, rien ne sera perdu. Même insensée, inepte, cette soumission est base de perfectionnement. Nous devons nous contenter de peu.

Que les féministes étendent notre désagrégation sociale jusqu'à ce qui reste de la famille, et c'est au préjudice de la vraie femme, l'épouse, la mère, la ménagère, que tout le parasitisme féminin — bas bleus, belles madames, cabotines et courtisanes — s'épanouira. Cela commence. Et c'est le résultat le plus certain du féminisme spontané.

La femme qui ressent le besoin de se « distraire » du foyer, d'avoir son intérêt ailleurs que dans ceux qu'elle chérit naturellement, de « vivre sa vie » pour elle et non pour les siens est déjà dissociée. Épouse incomplète, elle ne pourra être qu'une mère insuffisante.

Ce qui est louable et utile, pour la femme et pour l'homme, c'est de s'accomplir, c'est de constituer une cellule sociale, une famille. Cela exige des deux époux une étroite et intégrale coopération pour leur perfectionnement réciproque. Être « amants et amis », — soit. Ce n'est pas tout. Prêter son corps ne suffit pas, prêter de son esprit même ne suffit pas : il faut donner magnifiquement son âme. Cela seul fonde le foyer sur le roc.

Une société ne se maintient que par tous les solides liens que les siècles ont tissés pour subordonner l'égoïsme à l'altruisme ; une civilisation ne s'élève vraiment que par un concours plus effectif, une convergence mieux assurée, pour tout dire une plus parfaite soumission des éléments individuels à l'ensemble social. Pour la femme surtout, il n'y a pas de bonheur personnel. La plus heureuse union conjugale, c'est la plus joyeuse acceptation du joug commun.

Ce n'est pas à changer les conditions de l'union familiale qu'il faut viser, mais à s'y mieux adapter ; ce n'est pas à transformer la femme et l'homme qu'il faut tendre, mais à les fortifier chacun dans son sens. En voulant modifier les rapports éternels des sociétés, on n'améliore pas celles-ci : on les détruit.

Dans la famille comme dans la société, il n'y a pas à rechercher celui qui est particulièrement plus apte à commander. Car chacun a la prétention d'être celui-là. C'est ainsi qu'aujourd'hui tout le monde veut commander et personne ne consent à obéir. Il faut une autorité qui ne se remette pas en question à chaque intérêt heurté, à chaque amour-propre froissé, à chaque caprice contrarié. Il faut une règle générale déterminant, une fois pour toutes et pour l'ensemble, qui doit aller à gauche et qui doit aller à droite, qui doit commander et qui doit obéir. Il faut, d'ailleurs, que le commandement comporte assez de devoirs pour qu'on préfère obéir et pour qu'on se sente aussi utile socialement, aussi grand à obéir dignement, même à celui qu'on peut juger, à tort ou à raison, son inférieur.

La famille sera d'autant plus forte que les fonctions seront plus différenciées ; elle sera d'autant mieux ordonnée que l'unité de direction, la continuité du groupe, la responsabilité du chef seront plus complètement réalisées ; elle sera d'autant plus libre et paisible, l'indépendance et le concours seront d'autant mieux garantis (ce qui est l'objet principal de toute politique) que les deux pouvoirs temporel et spirituel seront plus nettement séparés ; enfin, elle sera d'autant plus heureuse que sa sécurité sera mieux assurée dans l'ordre général auquel son ordre particulier contribue, sa solidarité plus efficace, son harmonie plus parfaite.

Les lois qui président à l'équilibre et au développement de la société s'appliquent donc exactement, toutes choses égales, à la famille, à son harmonie et à sa prospérité. Ainsi, les conditions de l'ordre organique dans le groupe familial sont les mêmes que dans l'ensemble social.

Représentant le pouvoir spirituel dans la famille, la femme doit, comme le philosophe, l'artiste, qui exercent ce pouvoir dans la société, refuser librement la richesse comme le commandement. C'est le principe fondamental de la politique positive de séparer nettement les deux puissances temporelle et spirituelle. On ne peut exercer dignement l'une qu'en renonçant complètement à user de l'autre. Toute confusion devient de l'anarchie ou de la tyrannie. Il y a pourtant cette différence de situation entre la femme et le philosophe, c'est que celui-ci peut renoncer à penser, non celle-là à aimer, c'est-à-dire à être femme.

Toute puissance temporelle — de la richesse ou du commandement — corrompt l'intelligence.

Celle-ci ne doit être que le ministre du cœur pour contenir, régler et guider les forces matérielles. Car ces forces tendent, naturellement, comme nous n'avons que trop l'occasion de le constater dans notre anarchie (d'abord spirituelle, ne l'oublions pas), à opprimer et à corrompre. Aussi les forces matérielles ne sont-elles point trop développées, ni mal attribuées ou réparties, comme l'imaginent les socialistes et les féministes : ce sont les forces spirituelles et donc modératrices que nous avons à reconstituer.

Ce n'est point pour diminuer socialement la femme, restreindre son influence et l'écarter de l'universelle coopération qu'on tient à l'affranchir de toute obligation matérielle extérieure, de toute responsabilité politique et économique. Au contraire. C'est pour la vouer plus magnifiquement au rôle éminent pour lequel elle est mieux faite et qu'elle seule peut remplir.

Plus encore que les philosophes, les femmes doivent s'abstenir des affaires pratiques.

Une famille où chacun est jaloux de ce qu'il prend pour ses droits, et où l'on dispute, où l'on plaide, est une famille dissoute. Les liens de famille sont le devoir, la confiance et l'amour.

En voulant accaparer la tendresse des enfants, parfois se faire de ceux-ci des complices de leur insubordination, de leur méchanceté tracassière, voire de leur haine morbide, les femmes perdent souvent, ainsi et par elles-mêmes, l'estime et l'amour qu'elles veulent si âprement conquérir et si jalousement se réserver.

Il ne suffit pas de se replier sur la vie privée. Une famille n'est vraiment forte que si elle est assurée de sa continuité, si elle se relie aux autres familles, si elle est dans un milieu vital, dans une atmosphère d'ordre.

L'individualisme économique institue de véritables primes au vagabondage, au célibat, à la stérilité, au viager, à tous les genres de vie parasitaire. Par contre, le père de famille est le contribuable à merci. Il offre de la prise et il se défend mal. Il a un fonds, il est stable, il est timide, — on l'écrase.

La dépopulation quantitative n'est si déplorable que parce qu'elle détermine la dépopulation qualitative, parce qu'elle est un symptôme social pathologique.

La procréation augmente la consistance et l'activité de la famille.

La famille est une liberté puisqu'elle est une force sociale. Il s'y peut accomplir une action libre dont les conséquences politiques et sociales sont considérables. C'est là notre liberté fondamentale, et la source vive de toutes les libertés possibles. A mesure que cette source se tarit, que la famille se dissout, la légifération intervient, les libertés disparaissent. Et tout se détraque, car on ne supplée point la vie.

C'est au syndicat d'assurer ses membres contre les accidents du métier ; c'est à la famille d'avoir soin de ses chers malades et de faire un soir tranquille à ses vieillards, et c'est dans l'accomplissement de leurs devoirs, dans l'exercice de leurs fonctions essentielles que les groupes organiques se fortifient et deviennent des puissances sociales, c'est-à-dire des libertés positives.

Quand les foyers se reconstitueront, on s'apercevra de la stupidité et de la misère de l'existence fiévreuse, toute d'apparat, d'une foule hallucinée qui se bouscule dans les rues, les casinos, les théâtres, les cafés, à la poursuite du décevant plaisir... On goûtera le charme de la vie familiale. La sociabilité s'affinera. Et la femme sera toujours appelée à présider discrètement ces lieux de réunion, ces salons, pour y faire prévaloir une douce discipline morale.

Il est bien vrai que la femme aime mieux parce qu'elle est plus chaste ; mais elle est plus chaste parce qu'elle fut gardée durant des siècles contre tout ce qui pouvait ternir sa chasteté, parce qu'elle fut et est encore « l'ange du foyer », cet ange que se refusent à être les féministes.

La procréation n'est pas le but de l'union conjugale. Ce n'est qu'un moyen. La mère est moins celle qui enfante que celle qui élève.

Le procédé le plus efficace pour enrayer l'extension inquiétante de la criminalité juvénile, ce serait de rendre la famille responsable des délits et des crimes commis par ses membres de moins de vingt-cinq ans.

Sans la famille unie, pas d'agrégation durable, pas de concours continu, pas de tradition, et donc plus de mœurs, une vicieuse éducation. C'est dans le milieu familial que l'homme apprend d'abord qu'il y a un ensemble auquel il se doit subordonner. C'est par la tendresse de la femme jointe à l'énergie de l'homme que l'enfant s'élève.

Toute l'éducation de l'enfance revient à la mère. L'internat est une monstruosité. Quand la famille sera reconstituée, il ne sera admis que pour les cas exceptionnels. L'enfant, d'ailleurs, est aussi nécessaire à l'équilibre moral des parents que ceux-ci à la formation de l'enfant.

Comme tout homme assume dans la famille dont il est le chef les charges du pouvoir temporel, et d'abord celle de pourvoir à la subsistance des siens et de défendre le foyer et la patrie, toute femme doit exercer le pouvoir moral, à tout le moins dans ce cercle restreint. Si elle en accepte les devoirs, elle s'assurera toutes les douces prérogatives auxquelles elle tient si justement quand les sophismes et la corruption des mœurs n'ont pas dénaturé son esprit et son cœur.

Les hommes sont toujours, et plus encore au moral qu'au physique, les enfants de la femme. Ils sont, ils deviennent ce que les font leurs mères, leurs sœurs, leurs femmes et même leurs filles.

L'idéal moral nécessaire à la démocratie ne peut être montré que dans la famille, et bien plus par l'exemple des actes que par la sonorité des mots.

La famille est la cellule sociale, et parce qu'elle est elle-même une société en réduction. Ce fut d'ailleurs la première société. La plupart des hommes ne peuvent comprendre l'ensemble social qu'à travers la famille.

C'est dans la famille que l'individu apprend le mieux à s'oublier et à obéir. Et il n'est pas de meilleur exercice pour le caractère.

Voici la grande fonction féminine : après avoir fait l'enfant physique, faire l'homme moral. Et l'homme a toujours besoin d'être moralisé, car l'usage habituel de la force musculaire ou cérébrale prédispose toujours à l'égoïsme dominateur ou jouisseur.

Toute éducation, c'est-à-dire le perfectionnement moral, vient de la femme. C'est pourquoi les activités comme les pensées, qui sont de l'homme, doivent toujours être dominées par les sentiments, qui sont de la femme.

L'action de la femme sur l'homme ne peut s'exercer que par l'affection.

L'ambiance familiale est indispensable à la formation des sentiments comme à leur saine direction. La vie commune, le contact journalier, aussi l'amitié, plus vive d'un sexe à l'autre, nous découvrent seuls le fonds sympathique de la nature humaine, et en y ajoutant. On ne comprend bien que ce qu'on aime. Ce n'est pas chez les cuistres et en latin, c'est dans la famille et par l'affection qu'on fait le mieux ses « humanités ». Et sans cette connaissance primordiale, cette éducation initiale, le cœur restera toujours sec, et donc l'esprit tronqué et faux.

C'est par la famille que la patrie se comprend. D'abord, celle de la région. Sans la famille, avec ses biens indivisibles, avec son chef écouté, avec la mère respectée, la fierté des ancêtres et l'espoir de la descendance, il n'y a plus qu'un troupeau d'électeurs, toujours prêt à se débander, qui ne se tient rassemblé que par la crainte du fauve et le croc des chiens, et qui va où le poussent des bergers d'occasion.

Quand le foyer subsiste, quand la famille reste une force sociale, l'homme sait où est le devoir, où le bonheur. Il aime ce qui le prolonge, le perpétue, l'élève. S'il n'a pas cela, il n'est plus soumis qu'aux lois de l'animalité. Mais comme animal, l'homme est inférieur à n'importe quel fauve et il doit disparaître.

Les mœurs ne peuvent être purifiées que par la femme au foyer. Autrement, il n'y a que le même libertinage pour les deux sexes. L'un provoquant l'autre, ils se pourrissent l'un par l'autre. C'est l'égalité dans l'abjection.

C'est dans la famille que toutes les vertus de la femme s'épanouissent. C'est là que sa bonté s'exerce. Le foyer est son royaume. Là sont ses puissances et donc ses vraies libertés. Il nous faut concevoir la famille comme le principal moyen d'assurer l'action bienfaisante de la femme sur l'homme.

La femme devrait être assistée, dans son office moral, par les vieillards. Si, trop souvent, ceux-ci sont dans la famille des agents de discorde et, par là, justifient parfois les brocards dont on accable les beaux-parents, il faut l'attribuer à la superstition générale sur la seule puissance des forces matérielles, qui deviennent ainsi le but de tous, même de ceux qui sont le moins aptes à les employer. Ainsi, au lieu d'exercer leur véritable influence, discrètement, par les conseils de leur expérience, leur prestige, une affectueuse tendresse pour les petits-enfants, les vieillards prétendent encore, eux aussi, aux pouvoirs de la richesse et du commandement. Leur égoïsme s'exagère avec leur mauvaise humeur, et ils se rendent bientôt insupportables. C'est leur exil qui s'ensuit, une triste solitude ou la désunion du ménage.

C'est dans la famille que la tendresse et la pureté de la femme se gardent et se développent, c'est par la famille que ces vertus féminines sont efficaces.

Restant au foyer, qui est leur sanctuaire, les femmes auront une influence publique considérable. A toutes les classes, elles rappelleront toujours « la prépondérance fondamentale du sentiment sur la raison et sur l'activité ». Elles combattront donc chez les prolétaires l'abus de l'énergie et chez les philosophes l'abus du raisonnement.

Parce que l'homme y sera à sa place, la femme à la sienne, les enfants à la leur, parce que l'intrusion de l'État, même sous prétexte d'enseignement, n'y sera plus possible, peut-on ne pas voir que chacun des membres, et non pas seulement ceux d'aujourd'hui, mais ceux d'hier et ceux de demain, participera à la vie et à la direction du corps familial ? Peut-on ne pas voir aussi que cet élément social consistant, continu représentera une force constante — spirituelle par l'opinion, temporelle par l'activité — autrement efficace pour la vie et la direction sociale que les incohérentes et fallacieuses manifestations électorales ?...

C'est au foyer que s'élabore la morale.

C'est dans la famille et par la famille que rayonnera dans toute sa splendeur féconde, l'âme féminine. Et c'est par le doux resplendissement de l'âme féminine que le monde sera régénéré.

On ne reconstituera point la société française sans l'efficace coopération de la femme. Son bonheur est nécessaire à l'ordre ; son influence, au progrès. C'est son amour qui rend les libertés possibles et les crée.

La femme ne peut et ne doit modifier la régence nécessaire de la force matérielle et même intellectuelle que par la puissance morale de sa tendresse. Et, dans une véritable civilisation, c'est là le rôle le plus éminent.

Dans la société régénérée, la femme occupera la première place, parce que l'homme, de plus en plus, préférera être persuadé que contraint, et plus encore par le cœur que par l'esprit.

L'opinion commune formulée par les philosophes et proclamée par les prolétaires n'aura toute son efficacité qu'après l'indispensable consécration féminine.

Avec son savoir encyclopédique, un génie sans exemple, une faculté de concentration que peut-être aucun homme n'a égalée et qu'aucune femme en tout cas, de par son organisation physiologique, ne pourra jamais égaler, Auguste Comte lui-même n'eût abouti qu'à une construction purement intellectuelle, c'est-à-dire artificielle et provisoire, s'il n'avait été animé par son tendre amour pour Clotilde de Vaux. Et rien que par son charme féminin celle-ci a participé puissamment à l'œuvre de régénération humaine. Son nom restera éternellement associé à celui d'Auguste Comte.

Reine, mais reine d'amour, comme le philosophe est roi d'intelligence et le prolétaire roi d'énergie, la femme n'a que la mission d'aimer. Toutes ses fonctions s'y rapportent. C'est par là qu'elle est supérieure à l'homme, comme le dit A. Comte, « quant à l'attribut fondamental de l'espèce humaine, la tendance à faire prévaloir la sociabilité sur la personnalité ».

Sous le régime positif, qu'exige notre régénération intellectuelle et morale comme notre réorganisation politique et sociale, les femmes deviendront les prêtresses spontanées de l'Humanité.

Au prolétariat et à la femme qui sont les plus douloureuses victimes de notre anarchie, aux patriotes assez clairvoyants pour prévoir l'invasion d'un pays riche et envié qui semble n'avoir plus la volonté de vivre, aux esprits lucides que tant d'imbéciles, insanes et bruyantes divagations inquiètent, aux cœurs qu'angoisse la marche si rapide de notre décomposition morale, il appartient de former la grande coalition tacite du bon sens.

XIX

L'ANARCHIE MORALE

Les institutions créées au cours des siècles par le génie de l'homme et l'implacable fatalité des choses ont leur raison d'être, même avec leurs « abus », même avec leurs « mensonges », même avec leurs « iniquités », et il n'y faut toucher qu'avec précaution.

Les choses étant plus modifiables que les hommes, ce n'est pas élever ceux-ci que de perfectionner celles-là. C'est parfois asservir ceux-ci à celles-là.

L'aéroplane n'est pas un progrès humain sur la cathédrale ; les syndicats du jour ne sont pas supérieurs aux anciennes corporations ; nos municipalités socialistes ne gagnent point à être comparées aux vivantes et libres communes du moyen âge.

Les découvertes matérielles, les perfectionnements techniques ne sont pas négligeables, encore qu'ils n'aient pas l'importance capitale que la badauderie leur attribue, qu'ils ne constituent pas toute la civilisation et coexistent parfois avec une redoutable barbarie.

Laissons Bouvard et Pécuchet s'extasier sur les astrologues qui savent quels métaux recèle Sirius, car il est certainement plus facile d'utiliser ainsi le spectroscope que de trouver un remède contre le coryza. Il ne saurait déplaire qu'on lance d'ingénieuses machines dans les airs, mais on préférerait que, dans notre orgueilleuse civilisation, il y eût moins de bas-fonds obscurs où rampent les larves de la misère, du vice et du crime. Les merveilles de la préhistoire ne composent, en somme, qu'un roman médiocre et d'ailleurs lacunaire. Ne nous attardons pas à discourir sur les menus faits, contradictoires et incertains, de l'histoire universelle, pour nous dispenser de juger les événements présents. Enfin, n'oublions pas, en considérant l'univers, que la splendeur de la civilisation occidentale dépend de la généreuse impulsion française et que les progrès de l'Humanité dépendent de la civilisation occidentale.

Qu'est-ce que la société ? Qu'est-ce que la civilisation ? Où est le spirituel, où le temporel ?

Aujourd'hui, tout est confondu. L'État enseigne et ne commande pas. Le pédagogue invoque l'État et ne se soucie plus d'éducation. La femme, pour dominer, veut employer tous les moyens qui ne sont pas de son cœur, où seulement elle prévaut. Le jacobinisme le plus obtus se généralise. On ne croit plus qu'aux contraintes, aux forces brutes : le policier, le percepteur, la basoche et sa procédure, la prison, le fusil ou la bombe, la loi écrite, l'argent. Le moyen, universellement, est pris pour le but. Ainsi le progrès consiste en des améliorations matérielles, ou plutôt en ce qui nous paraît des améliorations. Quant à la science, ce que les mandarins nous font prendre pour la science, c'est ce qui aide à nous étourdir. Nous nous glorifions de savoir qu'on fait 200 kilomètres à l'heure dans un appareil volant et que les rayons X vibrent 300 milliards de fois en un milliardième de seconde. Et, comme les sauvages prennent tout ce qui brille pour de la beauté et de la richesse, nous considérons que tout brevet est du savoir et la mercerie de l'honneur.

Le véritable progrès est dans un autre sens, la vraie science est autre chose. Notre démence législative n'est pas de la politique, notre barbarie d'argent n'est pas de la civilisation.

Ce n'est point parce que de dissolvants sophismes se prévalent d'une majorité qu'ils sont sans danger ; ce n'est point d'une ingénieuse combinaison d'erreurs mortelles que la France peut revivre. Ce qui a provoqué l'anarchie générale ne saurait être employé à la contenir.

On déplore la démoralisation, on s'effraye des progrès de la criminalité. Les causes sont multiples. Mais il y a celle-ci, qui est notable : l'indignité de la classe dirigeante qui donne l'exemple, et donc une police et une magistrature bien moins occupées de la sûreté publique ou de la justice que de servir les desseins particuliers et de couvrir les turpitudes de ceux dont elles dépendent.

Le point de vue métaphysique du droit provoque toujours l'antagonisme, et donc le désordre.

L'anarchie est une maladie qui enlève à la société infectée la volonté et même le désir de guérir, jusqu'à la nosomanie. D'ailleurs, ses centres intellectuels ont été les premiers atteints, et elle ne discerne plus le régime et les remèdes qui lui conviennent.

N'étant plus contenus par aucune discipline, les cœurs et les esprits ont contracté cette habitude vicieuse de ne se fixer à rien. Comme les fumeurs d'opium, ils prennent leurs bavardages et leurs rêvasseries pour de l'action, de la pensée et de l'amour.

La liberté abstraite — qui n'est que vagabondage — n'est pas une base, la Vérité abstraite — qui n'est que l'absolu dans le vide — n'est pas une direction, et la Justice abstraite — qui se résume dans la subordination de l'intérêt général aux désirs particuliers — n'est pas un but. Ce ne sont que des mots au service des instincts, des paresses et des caprices, et qui masquent un effrayant recul vers la barbarie. De là cette garrulité qui nous étourdit et nous rend de plus en plus inaptes à tenir compte des réalités sociales.

Le progrès est le changement, et tout changement est progrès : voilà la conception fondamentale de ce temps. Elle est puérile ; mais elle permet de suivre tous les rêves.

Cette sorte d'autophagie sociale qu'est la manie critique a hypertrophié le pauvre moi de la plupart de nos contemporains jusqu'au délire.

La science matérialiste nous désespère sans nous prémunir contre l'erreur. Il n'y a pas de vérité contre l'Humanité.

Le scientisme matérialiste est aussi oiseux que pernicieux. Auguste Comte l'a prouvé en démontrant l'absurdité de toute tentative de synthèse objective. Au surplus, le spécialisme scientifique n'est pas moins nuisible à la véritable science qu'à l'Humanité, puisqu'il nous fait perdre le plus sûr bienfait de la science qui est de substituer l'idée de constance à l'idée de variété.

A force d'analyse, on en est arrivé à ne plus comprendre la loi, à ne considérer que l'exception, et le monde apparaît comme une poussière de faits, un chaos d'idées, sans direction, sans unité, sans ordre. C'est ainsi que les consciences et les intelligences trouvent aisément des excuses et des raisons à toutes les aberrations. Il n'y a plus rien à quoi elles se puissent ramener, rien avec quoi elles se puissent contenir.

La science n'est plus que l'accumulation de matériaux disparates. Elle est sans direction. Ce n'est plus la constance dans la variété, c'est-à-dire la loi, qui est recherchée ; mais — pas même l'insaisissable cause — la variété dans la constance suffisamment établie, c'est-à-dire l'exception qui étonne la foule et assure une célébrité viagère, quand ce n'est pas le résultat quelconque, utile ou nuisible, plutôt nuisible, qui permet de lancer une affaire.

Le désarroi mental et moral est à son comble. Chacun se fait une conception sur toutes choses, quelle que soit son incompétence, et suivant ses intérêts immédiats les plus étroits, ses préjugés, ses humeurs, à moins qu'il ne laisse libre cours au dévergondage d'une imagination que rien ne contient plus, pas même l'humilité. C'est ce qu'il est convenu d'appeler la libre-pensée. Le sophisme est partout. L'instruction d'État l'a mis à la portée de tous. Par là, elle a surtout contribué à l'abrutissement populaire.

Ainsi s'universalise la démence : le cœur ne discipline plus le cerveau. Et tout est nié, parce que plus rien n'est compris.

Ce qu'il faudra toujours, c'est vivre. Certes, chacun veut vivre. Mais, le plus souvent, en dehors des conditions mêmes de la vie. On ne vit vraiment que pour et par les autres. Combien le savent parmi nos contemporains, combien le veulent ? Et même : combien le peuvent ?

Si, faute d'une opinion publique organisée par un véritable pouvoir spirituel, il est permis de prêcher toutes les folies, rudement la vie nous fera sentir qu'il faut se garder de les appliquer.

La raison non réglée a tout analysé, tout dissous, elle n'a suscité que la pire des illusions : l'appétit de jouissance.

Dans la dispute de deux philosophes, il y a la même impulsivité qui, aux âges lointains, jetait l'un contre l'autre, en brandissant de redoutables haches de silex, le grand homme blond à crâne ovale et le petit homme brun à crâne rond.

Certes, l'erreur intellectuelle et morale que la théorie révolutionnaire a élaborée est le bacille qui nous ronge et nous intoxique ; mais la société décérébrée, désagrégée par la pratique révolutionnaire, est le meilleur bouillon de culture de ce bacille, le terrain le plus propice à son développement et à sa pullulation.

Il n'y a pas de folie raisonnable, si raisonnante soit-elle ; il n'y a pas de peste saine, si atténuée soit-elle. Une aggravation et une épidémie, dès lors, sont toujours à redouter.

On ne discute pas une maladie : on en établit le diagnostic, on en prévoit l'évolution, on montre où elle aboutit, on la soigne. Pour le clinicien, il n'est pas de « sage » syphilis ou de phtisie « modérée ». Les plus bénignes d'apparence, au début, sont parfois les plus dangereuses.

L'égotisme incline au subjectivisme sans base, sans contrepoids. On pourrait définir la folie — morale ou intellectuelle — un égotisme absolu. Et tout égotisme, partant d'un principe absolutiste, va à l'absolu. C'est ainsi que Comte, en nommant notre anarchie « la démence occidentale », a pu la caractériser par la tendance à « troubler l'avenir pour améliorer le présent ». L'égotisme est une propension vicieuse à ruiner l'ensemble pour satisfaire les parties.

Une terre fertile, un ciel clément, une civilisation raffinée, un bien-être largement répandu nous rendent moins sensibles les souffrances et les menaces du désordre individualiste. Aussi nous laissons-nous gagner par le mal sans y prendre garde, en ne doutant pas qu'il soit le progrès même.

La prospérité, la paix et la liberté sont de formidables dissolvants, quand il n'y a plus d'âme. Et il n'y a plus d'âme, quand il n'y a plus d'ordre.

L'anarchie est dans les cœurs, dans les esprits, dans les institutions. Si les choses vont tout de même, comme nous voyons qu'elles vont, c'est que les instincts, la logique, le mécanisme qui se sont formés, au cours des siècles de foi et d'ordre, par un lent travail d'organisation, ont encore assez de force pour proroger la vie du monstre.

Nous participons tous au désordre de quelque manière, soit intellectuellement, soit sentimentalement, soit pratiquement. Et il ne nous est pas toujours loisible de nous y refuser. Nous sommes entraînés par le courant. Il faut une grande force interne, la foi dans le caractère, rien que pour ne pas aller tout à fait à la dérive dans le tohu-bohu de l'épouvantable débâcle morale et mentale dont mourra peut-être la civilisation occidentale.

Un génie dans une horde de cannibales n'est qu'une brute de plus, un sage dans un asile d'aliénés n'est qu'un dément de plus, une sainte dans un lupanar n'est qu'une prostituée de plus. Ce qu'il y a d'horrible dans notre épouvantable anarchie, c'est que nous ne pouvons pas ne pas contribuer à l'accroître. Et les meilleures intentions restent stériles.

Dans notre société détraquée, comme chez les hystériques, les réactions sont incohérentes, les réflexes désordonnés, les impressions nulles ou exagérées. Des faits sociaux considérables passent inaperçus, des incidents d'une portée insignifiante prennent des proportions de révolution...

Quand un peuple ne veut ou ne peut plus supporter aucune des conditions de l'ordre, de la santé, de la vie, c'est qu'il accepte de mourir.

S'il n'y a pas d'association humaine sans direction unique et continue, il faut aussi à tout gouvernement, pour qu'il ne soit pas une tyrannie de caprices incohérents, tracassière et insupportable, une religion pour consacrer et régler plus encore le commandement que l'obéissance. Nous retrouvons l'anarchie intellectuelle au principe de tous nos désordres et de nos maux.

La société meurt, elle ne rétrograde pas. La décadence est l'agonie des sociétés.

Pas d'organisation, et donc pas de société, sans fonctions nettement déterminées, sans hiérarchie, sans direction, sans unité, sans continuité de direction.

Le sens social ne saurait être aboli d'un coup et pour tout. On en retrouve des vestiges même chez un Bonnot, même chez le plus radical de nos politiciens.

Même une association de malfaiteurs ne subsiste que si ses membres pratiquent un minimum de vertus sociales.

L'anarchie tend toujours à se généraliser. On ne lui fait pas sa part. Il faut la combattre toute ou l'accepter toute. On ne fait pas de l'ordre que dans le coin qui vous est profitable.

Une société est une combinaison de forces, une coopération, elle constitue un ensemble original et supérieur à la somme des éléments qui la composent.

Il faut augmenter le dynamisme social, il faut rétablir l'ordre dans les esprits et dans les cœurs, dans la famille, dans le travail et dans la société. Les erreurs peuvent n'être que des vérités qui ne conviennent pas à cet ordre.

Si l'on peut attendre beaucoup de la vertu médicatrice de la nature, on ne saurait admettre pourtant que l'ordre social soit spontané. L'unité morale ne se fera pas d'elle-même.

Toutes les grandes œuvres humaines ont été conçues par un cerveau, ordonnées par une volonté et exécutées par des bras. Elles résultent d'un concours, certes, mais résumé par un organe individuel.

Il n'y a pas de vérité sociale qui lève d'elle-même. Il y a des vérités qu'il faut coordonner.

De même que l'évolution biologique n'est que le développement de la vie dans son milieu immuable, de même le progrès n'est que le développement de l'ordre d'après ses conditions immuables.

Le progrès est le développement de l'ordre. Ce qui est essentiel est constant. Les lois sociales jouaient il y a cinquante siècles comme aujourd'hui. Elles jouent au Darfour, au Laos, en Patagonie comme en France, dans les bandes d'apaches comme dans une académie, dans la famille comme dans l'État, à l'école primaire comme à l'asile de vieillards.

Les faits sociaux ne se plient pas à notre fantaisie. Nos désirs — fussent-ils unanimes — n'y peuvent rien. Non plus les phrases, fussent-elles éloquentes.

Le positivisme finit toujours par reprendre le dessus. On n'y resiste que jusqu'au point où il faut que l'absurde des divagations habituelles s'efface devant la volonté de vivre, fondement de toutes les réalités humaines.

XX

L'INDIVIDUALISME

On ne s'entend plus. En lançant de grands mots qui n'ont plus aucune signification, chacun va de soi et rapporte tout à soi. L'ordre même est défendu avec des raisons et des moyens de désordre, puisque chacun ne veut admettre que ce qui lui est immédiatement profitable.

Les hommes veulent être « complets ». Eh bien ! c'est parce que chaque individu poursuit la chimère d'être un tout absolu, de rapporter le monde à sa parcelle éphémère, que ce qui était grand et durable, la société humaine, s'écroule et se pulvérise, que la barbarie réapparaît, que le progrès n'est plus possible et que l'individualité même se désagrège.

A ne s'occuper que de soi-même le cœur se dessèche.

L'individu n'est qu'une abstraction. On ne peut dire où il commence, où il finit, où il demeure et quand il dure. Seule, la société continue est une réalité.

Si l'individualisme est une maladie morale qui atteint surtout les débiles, les tarés et les prédisposés, les plus robustes n'échappent pas toujours à la contagion.

Si chez les uns l'intelligence n'a été affectée que par l'altération des sentiments, si chez d'autres le cœur a été desséché par le désarroi de l'esprit, chez beaucoup l'imitation, l'ambiance anarchique, le déséquilibre économique, l'absence de doctrine, le manque d'autorité spirituelle ont facilité la contamination en paralysant la défense et en répandant tous les sophismes dissolvants. Ces individualistes sont donc parfois capables des raisonnements les plus étendus — comme certains aliénés — et même de dévouement et d'héroïsme — comme certains criminels.

Les grands mots couvrent les petits actes, et ils ont perdu ainsi, avec leur sens profond, leur vertu d'exaltation.

Chacun veut être le premier et n'aspire qu'à jouir bassement. On professe avant d'avoir rien appris. Tout le monde parle, personne n'écoute ; tous écrivent, nul ne lit. Dans ce brouhaha d'hystériques, d'envieux et de mégalomanes, où règne l'absurdité, celui-là se fait conspuer qui rappelle les mentalités à la clarté et au bon sens, les volontés à la discipline et les cœurs à la soumission.

Ici, amasser de l'or ; là, se soûler d'alcool ou de mots creux ; partout, la poursuite maladive du divertissement pour oublier ses devoirs, de la sensation d'un instant, plus ou moins élégante : voilà les mobiles ordinaires, la raison de vivre du plus grand nombre.

On n'a plus d'autre objet que de jouir quand on n'a plus de devoirs. Et l'on n'a plus réellement de devoirs : ni envers soi-même, puisque l'individu isolé n'est plus qu'un accident d'un moment ; ni envers son métier, puisqu'on n'œuvre plus que pour le gain ; ni envers la famille, puisque le divorce et le féminisme spontané l'ont dissoute ; ni envers l'État, puisque le parlementarisme l'a désagrégé ; ni envers la société même, puisqu'il n'y a plus de vie sociale. Dans cette anarchie, toute jouissance est légitime. On ne filtre pas une avalanche.

Michelet a constaté que la Révolution n'a laissé qu'un monument : le Champ de Mars, c'est-à-dire le vide. Il omettait la guillotine, c'est-à-dire la mort.

D'où vient cette absurde rébellion contre soi-même et contre la société ? De la destruction révolutionnaire qui se poursuit parce qu'aucun principe, aucune force n'arrête ses ravages.

Une foi qui ne fonde rien n'est qu'hypocrisie ; un idéal qui se satisfait de la rhétorique n'est que mensonge.

Nous vivions heureusement des prétendues erreurs de la foi, nous mourons ignominieusement des petits vérités de laboratoire. Le catholicisme n'a pas à arguer de la vraisemblance de ses légendes ; mais à nous rappeler ses quinze cents ans d'enthousiasme, de progrès, de beauté, de puissance sociale et d'ordre.

L'homme sans foi n'admet plus de loi. Il n'obéit plus qu'à ses besoins physiologiques, il ne se soumet plus qu'à la poigne. Ainsi, ce « libéré » n'est guère plus qu'un esclave. Le parentocentrisme et l'égocentrisme sont l'absurdité même. Mais notre « émancipé » est trop hébété pour s'en rendre compte. Pour lui, il n'y a que soi à l'instant où il passe, et ses « droits ». C'est le monstre asocial que les « droits de l'homme » et toute la métaphysique révolutionnaire ont enfanté.

Les nombreuses annonces de sorciers que publient les grands journaux, la mentalité des fanatiques de la révolution sociale, les puériles superstitions scientistes, les insanités du spiritisme et de l'occultisme, dont la clientèle imbécile grossit toujours, cela prouve bien que nos concitoyens ne sont pas les esprits forts qu'ils affectent d'être. La vérité, c'est qu'ils répugnent moins aux dogmes et mystères théologiques qu'aux règles morales qu'impose l'Église. Ce qu'ils apprécient surtout dans la liberté, c'est le libertinage.

Notre vie surchauffée, incohérente, d'apparat est malsaine et absurde. Le « monde », les visites, les réceptions, la représentation, le luxe excessif, les somptueuses toilettes féminines, la recherche des « relations » pour marier les jeunes filles et « pistonner » les jeunes hommes, — c'est l'imbécillité, la grossièreté, le crime de toute une classe dégénérée, incapable de comprendre les devoirs de son rang. Cela n'exprime que le vide de son âme. Tout est argent pour une ploutocratie ; et jusqu'au plus pauvre, il faut montrer qu'on en a. La femme qui se met un chapeau — combien grotesque — de trente louis sur sa tête creuse et qui s'entoure le cou d'un collier de 100.000 francs est un monstre d'autant plus dangereux que presque toutes les femmes l'envient et s'appliquent à l'imiter.

Nous n'avons plus la virile volonté du bonheur qui se conquiert, mais la soif inextinguible des plaisirs faciles qui s'achètent.

Un des plus actifs ferments de décomposition, c'est l'ennui. Et l'on s'ennuie parce que l'on ne se dépasse pas, parce que, limité à soi-même, on a vite fait de connaître tout ce qui se rapporte à soi. L'âme s'épuise et languit dans la prison d'un égoïsme. Quand il n'a plus d'autre objet que les plaisirs de son corps, l'homme en a tôt fait le tour, malgré toutes les vilaines folies qu'il peut inventer, — et alors il n'a plus qu'à se brûler la cervelle. C'est ce qu'il fait parfois, et de plus en plus.

Si l'on pouvait supposer qu'un certain ordre matériel pût s'établir sans unité spirituelle, peut-être pourrait-on compter sur la souffrance pour ramener nos contemporains au bon sens. Mais où se prendraient-ils ?

Depuis le suffrage universel et la presse à un sou, la flagornerie du nombre étant la clé d'or de toutes les portes du pouvoir, le peuple n'entend plus parler que de ses prétendus droits. C'est à qui en invente.

Certes, le journal à fort tirage est devenu un puissant moyen d'action sur le populaire, les mœurs, le gouvernement. On sait de reste à quoi il sert. Mais ce qui est fait pour le mal pourrait être mis au service du bien. Les honnêtes gens ne sont pas tous des imbéciles.

Bénéficiaires du désordre, les journaux et les partis ne peuvent que l'aviver de toutes façons. Attendre d'eux qu'ils soient des éducateurs et des guides, c'est attendre des fabricants d'absinthe et de trois-six qu'ils combattent l'alcoolisme.

XXI

L'ENSEIGNEMENT D'ÉTAT

Tout conspire contre l'éducation. Les familles elles-mêmes ne demandent pour leurs enfants que le *viaticum* des diplômes.

Les examens et les concours ne signifieraient quelque chose que si l'on ne s'y préparait point ; mais c'est la condition vitale de l'Université officielle d'y préparer.

Tous les Français sont entraînés à ce jeu, on a perfectionné tous les trucs mnémotechniques, et il n'est pas d'imbécile qui ne puisse être licencié en y mettant l'argent et le temps.

Le concours ne fait nullement ressortir le vrai mérite. Ce n'est même pas une précaution contre la brigue et la faveur. On truque les examens comme on truque les urnes. Dans les meilleures conditions, on ne mesure ainsi que la mémoire. Au reste, par la préparation universitaire qu'ils supposent, les concours contribuent à l'affaissement des caractères.

Avec l'enseignement d'État, la diplômanie qui en est le moyen et le sinécurisme qui en est le but, on a confondu le gavage mnémonique avec l'instruction et le savoir avec l'intelligence, en attribuant au simulacre de celle-ci une prééminence que, même réelle, elle ne doit jamais avoir.

L'Université comprend un tiers d'internes. A mesure que la famille se désagrégera, l'internat se généralisera. C'est là que nous allons. Ce sont les internes, d'ailleurs, qui préparent le mieux leurs examens. La vie de famille, toute vie, où l'on se fait homme, n'est pas propice aux succès scolaires.

Ce n'est pas par la valeur sociale propre de son enseignement que l'Université officielle se maintient, même après avoir éliminé toute concurrence dangereuse ; mais par l'appât des diplômes et des brevets qui dispensent le privilège d'être entretenu jusqu'à la mort par la collectivité travailleuse. La dispense militaire fut aussi un de ses moyens, et elle développa en France, pour un temps, le goût singulier des langues orientales.

Deux cent mille familles bourgeoises détiennent les majorats de bacheliers. Pour les défendre, on a dressé des barrières, qui sont les examens, les concours.

L'Université n'est qu'un truc de classe. Jadis, il y avait l'épée qui, au moins, impliquait des devoirs ; aujourd'hui, il y a le diplôme, qui ne donne que des droits au parasitisme.

La république parlementaire, qui ne résiste que dans le désordre et par les classes moyennes, est obligée de développer cette œuvre scolaire, c'est-à-dire de fabriquer à la grosse des littérateurs, des avocats, des médecins, des professeurs, des fonctionnaires, — et toujours plus, et jusqu'à l'écroulement final.

Quand un bourgeois nous dit qu'il veut donner de l'instruction à son fils, entendons seulement qu'il souhaite d'en faire un bachelier, — les diplômes universitaires étant des titres à jouer le rôle éminent de consommateur. Pour lui, être producteur le moins possible, consommateur le plus possible, tout est là.

Et le but étant facile, tous y aspirent, et le nombre de ceux qui l'atteignent est considérable et s'accroît sans cesse. Mais la table ne peut s'élargir assez pour tous les invités, et il est des coins où nos écornifleurs se bousculent et s'entre-déchirent. Que serait-ce si les classes moyennes ne pratiquaient pas le malthusisme ?

Ce que veut la petite bourgeoisie pour ses rejetons, c'est la fameuse « clé des carrières » le diplôme, — et non pas le savoir.

Sans doute, on se targue d'intellectualisme. Mais, quand on parle de science, il ne s'agit que de cette science brevetée, avec garantie du gouvernement, qui est un titre à faire valoir. S'il est question de pensée, d'art, ce n'est que ce qui s'en peut monnayer.

L'enseignement d'État déclasse, désanime et déracine. Suivant l'impulsion qui prévaut de la timidité, de la vanité ou des appétits, le jeune bachelier n'aspire qu'à être fonctionnaire, littérateur ou politicien.

Nous approchons d'un temps où, sur dix petits Français, il y en aura huit qui se destineront respectivement : 1° à l'agio ; 2° à la boutique ; 3° à la littérature, surtout à la poésie ou à la comédie ; 4° à la peinture, au théâtre ou à la musique ; 5° aux carrières libérales ; 6° au fonctionnarisme ; 7° au journalisme et à la politique ; 8° enfin à la noce. Le neuvième et le dixième, dénués de tout, d'opinions radicales ou socialistes, d'argent et d'entregent, se verront contraints, dans l'agriculture ou l'industrie, de nourrir tant bien que mal les huit autres. Mais ce ne sera pas sans rechigner.

Il en coûte de 10.000 à 20.000 francs pour pousser un enfant jusqu'au baccalauréat ; et jusqu'à la licence ou l'agrégation, de 20.000 à 30.000 francs. Un tiers des familles françaises, surtout parmi celles, de plus en plus nombreuses, qui n'ont qu'un enfant, peuvent faire cette dépense. Sottise, vanité ou ambition, elles y consentent volontiers, dussent-elles se priver du nécessaire ou s'endetter. C'est insensé ! — Pas assez encore, puisqu'on multiplie les bourses gratuites ou demi-gratuites. Le producteur agricole ou industriel paie les frais de ces faveurs officielles qui doivent stimuler le zèle électoral des classes moyennes, et la société s'appauvrit de tout ce capital gaspillé parce que dispersé.

L'État, qui pourtant s'y est engagé moralement pour s'assurer le monopole de l'enseignement, ne peut suffire à nourrir tous les bacheliers. Les rejetés vont grossir un prolétariat intellectuel, pitoyable et dangereux par son nombre. Désespérés, c'est de l'émeute des appétits que ces bacheliers faméliques attendent tout. Le fonctionnarisme, les professions libérales, la politique même ne suffisent plus à dégorger cette redoutable bohème. Or celle-ci n'a plus qu'une volonté : ne pas travailler utilement, parasiter quand même. Et elle l'a bien. Quinze années d'études à peu près vaines mais laïques, cinquante examens lui ont laissé cette seule croyance que d'être utile, c'est-à-dire agriculteur, ouvrier, employé de commerce, ce serait déchoir ! Et dans un cerveau intoxiqué par tous les sophismes et toutes les négations, cela devient une obsession qui aliène les plus vives facultés morales et mentales.

La recommandation est devenue la religion du Français. Si, très souvent, elle ne sert de rien, à tout le moins le fait-elle vivre dans l'espoir des paradis de fainéantise, et ainsi elle le console d'être dupe. Nous prenons l'indolent fatalisme musulman : « c'est écrit » ou « ce n'est pas écrit ». On est recommandé ou on ne l'est pas, — l'effort est inutile. Voilà ce qui, à l'heure présente, est enseigné en grec, en latin ou en signes algébriques à 100.000 enfants de France, dans tous nos lycées et collèges, pour ne pas parler des Facultés et des écoles spéciales.

L'école officielle, avec son mandarinat, son psittacisme, a développé tératologiquement le verbalisme, la vanité de la singerie d'érudition, elle n'a pas su mettre en valeur le fonds solide de la race, l'intuition claire, le bon sens pratique, qui sont le génie et l'intelligence populaires, ni les caractères au surplus.

Plus il y a d'instituteurs et d'écoles, plus il y a de brutes certifiées, voire illettrées.

Restreindre la liberté d'enseignement, c'est falsifier l'enseignement.

Une force morale ne peut être neutre. C'est pourquoi elle tend à trop abuser si elle dispose des forces matérielles. Quand l'État se dit neutre, c'est qu'il se veut soustraire à l'influence du spirituel, c'est-à-dire empiéter. Et c'est l'étatisme, le jacobinisme, — une ignoble caricature de théocratie, la pire des tyrannies.

Tous les gouvernements du XIXe siècle ont respecté la liberté des professeurs d'enseignements supérieur et secondaire et — surtout depuis l'établissement du suffrage universel — ont tenu à asservir les instituteurs primaires. La voilà bien, la souveraineté populaire !

La séparation de l'Église et de l'État entraînait nécessairement celle de l'école et de l'État. C'était la liberté spirituelle. Mais le parlementarisme est incompatible avec toute liberté, c'est-à-dire avec n'importe quelle force sociale. Il ne peut donner que l'anarchie et la tyrannie.

Une des conditions fondamentales d'une démocratie sincère est la séparation de l'école et de l'État, — et donc la liberté de l'enseignement. C'est là une liberté essentielle.

La liberté de l'enseignement, c'est-à-dire la suppression de tout budget théorique, ramènerait une partie considérable des classes moyennes au prolétariat producteur. Tout le parasitisme politique et économique s'y oppose.

XXII

LA FAUSSE ÉLITE

Comment enrayer l'individualisme anarchique, le parlementarisme et l'étatisme ? C'est une tâche qui exige une complète compétence. Donc, pouvoir spirituel. On ne saurait attendre des ivrognes qu'ils prêchent la tempérance, des journalistes qu'ils enseignent le respect de la compétence, des politiciens qu'ils préconisent l'ordre, des intellectuels qu'ils invitent au bon sens. Je veux dire utilement. La persuasion est affaire religieuse. Un sacerdoce consacré y est nécessaire, et une doctrine. La représentation proportionnelle, le suffrage des femmes et la revision de la Constitution n'y peuvent rien.

L'esprit sensible à l'argent est toujours mû par l'argent. Et toutes les abdications, toutes les trahisons deviennent possibles. Rappelons-nous le rôle de la presse sous l'Empire. Stipendiée par la Prusse, elle prépara nos désastres. Quel est le grand État qui se ferait scrupule de s'en servir encore ? Or, la presse française n'a rien perdu de sa sensibilité à l'argent, et notre parlementarisme n'est pas fait pour résister à ses suggestions. Tout au plus peut-il exiger pour son personnel une part des trente deniers. Mais il n'en sera que plus docile. On n'ose conclure !...

Si l'opinion publique dissociée, hébétée par la presse, laisse tout dire et ne répond plus qu'à l'appel de l'argent, si la censure morale n'est plus que du chantage d'industrie, de parti ou de grande finance, vraiment, on peut laisser tout faire. Veuillot avait bien dit : « Le poignard le plus aigu, le poison le plus actif et le plus durable, c'est la plume dans des mains sales. Avec cela, on change l'opinion de tout un peuple qu'on pourrit, on gâte un siècle. »

Le public, livré aux suggestions d'une publicité à outrance, idiotisé systématiquement, dupe et complice, substitue au jugement de son bon sens natif le fétichisme du succès quand même. On le flagorne, on l'amuse, on flatte ses manies, ses ignorances, ses vices, et il applaudit, il vote, il paie.

Nous continuons à vivre de ce qui reste des mœurs d'autrefois ; mais parce qu'il n'y a plus d'âme commune, nous ne les entretenons, nous ne les recréons plus, et leur fonds, si riche qu'il ait été, s'épuise. Prenez, au hasard, journaux, revues et livres. Il n'est aucune aberration morale qui n'ait ses poètes, ses théoriciens, ses avocats, voire ses propagandistes.

N'ayons aucune illusion sur le journalisme. A peu de chose près, les littérateurs sont du déchet social, — et les journalistes sont le plus souvent le résidu de la littérature. Résidu de déchet, ce n'est pas grand'chose évidemment.

La presse est un tribunal d'inquisition, sceptique et corrompu. Elle joue, en les empirant, de la corruption politique, du gâchis parlementaire, des compromissions ministérielles, des collusions louches, des ignominies électorales. Elle règne par le chantage, la pornographie, l'escroquerie financière, la terreur. Voilà ce qui forme le citoyen français.

Avec leur infatuation, les journaux ont propagé dans les masses cette ignorance encyclopédique si propice à la diffusion des notions et des idées les plus erronées, les plus saugrenues, les plus dangereuses. Le cinéma va parfaire cet abêtissement systématique.

De braves gens font appel au juge pour réprimer la pornographie. Quelle candeur ! La propriété littéraire pousse à la pornographie, et le parlementarisme ne s'y peut opposer. Le juge n'est plus qu'un agent politique, parce qu'il dépend du temporel. Et cette confusion des fonctions explique l'impuissance judiciaire que décèle une affaire Steinheil. Sans pouvoir spirituel, il ne saurait y avoir de justice, parce qu'il n'y a pas de justice si le magistrat est asservi au temporel.

L'apostolat de l'abrutissement est exercé avec d'autant plus de zèle qu'il est lucratif et glorieux.

S'il est imprimé tant d'insanités, ce n'est point que les écrivains s'y complaisent toujours, c'est que la foule ne fait un succès lucratif qu'aux insanités. Par exemple, il n'y a que les pornographies qui se connaissent, se propagent et s'achètent sans réclame. Et c'est ainsi, d'ailleurs, que certains grands journaux sont vertueux sur ce chapitre spécial.

L'écrivain n'est plus dirigeant, il est dirigé. Il se prostitue peu ou prou. La propriété littéraire est la lourde chaîne que la ploutocratie lui a forgée, et il l'aime d'être dorée. On n'obtient le succès présent — qui est la richesse et les honneurs — qu'en flattant les préjugés et les vices. Les probes écrivains, les éducateurs sont submergés sous la production des amuseurs ordinaires de la foule. Il n'y a plus de critique indépendante pour les signaler au public. Dans la presse, tout se paie, la bibliographie comme les souscriptions philantropiques. Le livre est affaire d'argent comme l'œuvre d'art.

S'il est médiocre, l'art est un parasitisme, et des plus pernicieux. Surtout la littérature. Dans le désordre, l'art ne peut être que médiocre.

Le Français s'ennuie. Et parce qu'il s'ennuie, il a besoin de s'abrutir. Le bridge, les courses, les discours de M. Viviani, les élections, les matches de boxe ou autres, le tabac, l'absinthe, les filles ne suffisent plus à l'abrutir. Car il veut l'être toujours plus. C'est pourquoi, en attendant mieux, — l'opium, le cirque, peut-être, — il lit des romans de police ou de coucherie et va au théâtre. Et il veut de l'abrutissement pour son argent, « droit des pauvres » compris.

Mœurs et littérature agissent et réagissent réciproquement. La littérature altère profondément les mœurs ; mais elle n'a pu s'y employer efficacement que lorsque les idées étaient déjà troublées, les principes affaiblis, les règles méconnues, les volontés énervées par le scepticisme, — pour tout dire, lorsque les âmes n'avaient plus de direction.

La littérature est un reflet des mœurs.

Si l'imitation n'a pas, dans le processus social, le rôle prépondérant que lui attribuait Tarde, elle n'est pas négligeable. C'est le romantisme, par exemple, qui a exalté l'impudeur de l'amour et en a fait un sentiment bavard et théâtral jusqu'au tragique. Nous lui devons la plupart des suicides et des crimes passionnels. Chacun a voulu avoir sa « grande passion », — et il l'a eue. Et cela aboutit au suicide, à l'assassinat, ou — pis encore — au roman et au volume de vers. Saura-t-on jamais tout le mal qu'a fait ce sombre nigaud de Werther ? Et maintenant, nous en sommes à Claudine, à M. de Courpière et à Nick-Carter !... Mais une telle influence ne se peut exercer que dans une société décapitée et dissoute, et parce qu'aucune résistance ne lui est opposée.

Les romantiques ont été les « enfants du siècle », et des enfants mal venus.

« Messieurs les notables de la phraséurgie », comme disait Proudhon, réclament le bénéfice de la loi Guilloutet. Tout en professant un hautain dédain pour le bourgeois « qui pense bassement », ils en prennent la sournoiserie. Encore qu'ils ne reculent pas, à l'occasion, devant les plus effroyables scandales de la calomnie et du chantage du roman à clé, ils invoquent pour eux le complaisant protecteur de toutes les ignominies qu'est le « mur de la vie privée ». Mais il est bien délabré ce mur qu'éleva l'hypocrisie d'une classe dirigeante indigne, et donc usurpatrice! Il sera bientôt tout à fait abattu par l'excès même du mal : une opinion publique qui ne réagit plus normalement et qui laisse tout dire, tout faire, et l'extension du journalisme de reportages...

Vraiment, ceux qui accourent assister aux scènes « paroxistes » du « théâtre d'amour » ne valent guère mieux que ceux qui, par lucre, vanité ou vocation de prostitué ou de pourrisseur, satisfont ce goût morbide du faisandé.

Reconnaissons-le enfin, la littérature est sale et bête, le plus souvent, parce que nous la voulons telle.

Un peuple a les parasites qu'il mérite.

La littérature ne tient pas qu'à elle-même. La situation des littérateurs dans la société ne dépend pas que d'eux.

C'est pourquoi la littérature s'avilira de plus

en plus, avec son personnel. Rien ne peut le relever, — que l'ordre reconstitué.

L'argent étant partout, on peut dire que l'art n'est nulle part. Nos prétendus artistes ne travaillent que pour qui paie, et l'on ne paie bien que ce qui s'avilit : le larbin stylé, la fille sans dégoût ou l'histrion désarticulé. L'art prostitué n'est plus l'art, et on ne le voit que trop par ses produits marchands.

Soyons justes. Actuellement, il faudrait de l'héroïsme aux artistes, et qu'ils aiment la beauté par-dessus tout, pour refuser de se plier servilement aux exigences de l'argent. L'héroïsme est rare.

La joie et la grandeur des hommes s'expriment par des œuvres de beauté. Les pyramides d'Égypte et la Tour Eiffel dénoncent un état social comme les Parthénon et les cathédrales publient la splendeur harmonieuse, noble, humaine et forte de leur temps.

C'est par les œuvres que nous jugeons le passé. Nous devons, aussi bien, y éprouver le présent. En quel temps fut construite la cathédrale de Reims et en quel temps fut-elle détruite?

Un romancier quelconque. Parmi ses livres, ce sont toujours les plus obscènes qui lui rapportent le plus. Pour un sceptique et un jouisseur, la tentation est trop forte pour qu'il n'y cède point à la longue, et même sans s'en rendre compte. Certes, il a eu d'abord des révoltes de dignité; mais, peu à peu, sa conscience s'est émoussée. Pour se justifier, il a affirmé avec aplomb que ces saletés lucratives étaient de l'art, sa conception de l'art. Il s'y est entêté et il est parvenu à s'en persuader soi-même. Puis, les niais et les malins ont fait chorus. Et voilà une école nouvelle : le salopisme.

Déjà, au XVIIIe siècle, les gens de lettres s'employaient à amuser les aristocrates qui les entretenaient presque aussi vilainement que les grimauds d'aujourd'hui s'appliquent à solliciter un public abêti par le suffrage universel. Le grand Diderot lui-même commit *les Bijoux indiscrets*.

On n'adore pas à la fois deux dieux qui se nient : Il faut sacrifier à l'art ou à l'argent. Il serait trop naïf de se laisser piper par les « je suis artiste » des trafiquants de lettres, bas amuseurs d'une foule sans idéal. Farceurs! vous faites trop de bruit pour travailler sérieusement, et vous savez trop bien compter pour être jamais aptes à rêver, à étudier, à méditer ! Peut-être avez-vous eu du talent : soyez persuadés que vous n'en avez plus. Si vous en aviez encore, vous en seriez plus fiers, vous l'aimeriez, et vous ne le voueriez pas aux sales besognes, à toutes les laideurs morales qui font recette aujourd'hui.

C'est l'argent qui a avili l'homme de lettres. C'est par vénalité qu'il abaisse son art. C'est la perspective des gros gains trop faciles, les joies et les glorioles de brasserie entrevues qui poussent tant de jeunes gens — bien mieux doués, certes, pour conduire la charrue, manier le marteau ou auner les étoffes — à maculer du papier blanc et à se proclamer « artistes ». C'est par l'argent enfin qu'on fait prendre au bon public, entre tant de vessies pour tant de lanternes, le retentissement d'un « lancement » commercial pour les éclats du talent ou du génie.

Plus les littérateurs sont payés, plus ils sont avilis et asservis. Avant d'être égarés par leur libertinage d'imagination, ils sont gâtés par l'argent.

Les littérateurs prennent volontiers les recettes et les acclamations pour de l'admiration ; ils ne se doutent point combien ils sont méprisés par le riche qui paie ou le peuple qui peine. Ils le seront de plus en plus, — et justement.

La vénalité de la pensée n'est pas moins honteuse que celle du sentiment. Elle est aussi dégradante. La pédantocratie académique et universitaire et le mercantilisme littéraire ont fait perdre à l'intelligence toute l'influence qu'elle pouvait et qu'elle devait avoir. Ces bonnes filles de gens de lettres ne font aucune difficulté, quand on y met le prix, pour la livrer aux proxénètes de la librairie. La propriété littéraire en a fait une prostituée qu'on peut envier pour son luxe, admirer pour sa beauté, mais qu'on ne saurait estimer ni aimer.

La littérature ne se relèvera pas, même si la police s'en mêle. Il n'y a pas de solution sociale partielle. L'anarchie portera toujours ses fruits vénéneux. Si nous ne réagissons pas socialement, le beau jardin de France, bientôt, n'en produira plus d'autres. Et les nouvelles générations qui s'en nourriront seront empoisonnées jusqu'au cœur.

Un ténor, un virtuose, un recordman, un chirurgien à la mode, un pornographe gagneront deux cent mille francs par an, seront décorés, acclamés et fréquenteront chez les ministres ou à l'Académie française, et tous ceux qui servent obscurément et qui produisent seront méprisés et mal payés.

C'est un peu pour cela que les campagnes sont désertées et les villes envahies, que l'outil est délaissé pour la plume, qu'il y a, en France, deux ou trois millions de poètes, à tout le moins géniaux, et que le plus crétin des analphabets a des prétentions à un talent quelconque, ne serait-ce que dans l'art du sabotage.

Les anciennes valeurs sociales ont été dénigrées, dégradées. On a surfait les qualités intellectuelles; et d'abord les moins élevées, les plus faciles, celles d'expression. Avec l'argent pour dieu, le bavardage a régné. Sans direction, la foule désigne elle-même ses héros. Ce sont les histrions. Pour lui plaire, il ne s'agit pas de servir, mais de flatter et de parader. Tout est aux cabotins, — de plume, de tribune ou de scène. De là, ce culte byzantin de la virtuosité.

A Paris seulement, il n'y a pas moins de cent mille filles de joie préposées à nos nobles plaisirs, — sans compter les hommes de lettres.

L'anarchie présente exalte une énorme vanité. Et celle-ci se manifeste surtout par un bavardage insensé. Jamais on n'a si peu médité, si peu senti, et jamais on n'a tant imprimé.

La pensée a sa beauté, et elle est plus certaine, plus haute, plus pure, plus durable que la sonorité plus ou moins harmonieuse des syllabes ou la perversité maladive des ironies faciles.

L'encombrement de la librairie par une littérature trop encouragée a beaucoup contribué à étourdir le public, à obnubiler son jugement, à le rendre incapable de discerner une œuvre de réel mérite de la plus plate production. Aussi, s'en est-il remis au succès, — et ce succès est-il devenu affaire de publicité. Dès lors, la presse fut promue dispensatrice de gloire et de fortune. Avec 20.000 francs adroitement répartis, on est assuré de la cinquième édition; avec 50.000 fr., on a le plein succès; avec 100.000 francs, le dernier des cacographes peut forcer la Renommée.

Depuis 1800, la librairie française a publié plus de cent mille romans et recueils de vers. Écrire, cela n'exige ni capitaux, ni connaissances, — ni vertus. Nul n'ignore que tel plumitif, qui passe ses après-midi à la brasserie et ses soirées avec les filles, se fait 100.000 francs par an. Et voilà à quoi rêvent les Jeune-France !

Pour le littérateur, il n'y a que la phrase, rimée ou dialoguée. Tout n'est plus rien devant ce rien. Et l'on est tout, ou à peu près, dans ce rien qui devient tout. On est donc « prodigieux », « génial », « divin », « supra-divin »..., et le reste, et plus encore. Il n'y a jamais assez d'épithètes pour se glorifier, — et aussi pour dénigrer le « cher confrère ». Et ce sont ces fous qui guident les insensés !

Quand l'effort est sincère ou désintéressé, on veut seulement se traduire soi, puisque rien n'existe que par rapport à soi. Nos rimaillards, s'ils consentent à exprimer quelque chose, ne nous font pas grâce de leur dernier émoi d'épiderme, d'une laborieuse déjection ou de leur plus banale digestion.

Des artistes, il en est de toutes sortes. Les barbiers ne laissent point d'être aussi des « artistes », — et capillaire. Les amateurs de billards sont non moins « artistes », — et d'académie au surplus.

Tous ces artistes, il va sans dire, sont « géniaux immensément », à tout le moins, ma chère ! « talentueux exquisément ». Mais pourquoi faut-il qu'ils soient, en outre, sans superlatif, des sots ou des pourceaux ?...

Les « surhommes » qui croient que la divagation est de la liberté d'esprit, l'impulsivité des instincts débridés de l'énergie, la chiennerie de l'amour, au demeurant, ce sont des imbéciles, des abouliques, des brutes, — de pauvres êtres.

Ces scribouillards font de la littérature à peu près comme certains malheureux font, suivant l'expression médicale, de la paralysie générale. Ce sont des malades. Leurs œuvres sont les sanies des ulcères d'un cerveau morbide. Si c'est en eux qu'est le mal, il ne dépend pas que d'eux de guérir. Cela diminue l'importance qu'ils se confèrent; mais leur responsabilité en est bien atténuée.

Quand, après quelques méfaits maladroits, Jean Hiroux comparaîtra devant ses juges, il ne dira plus : « C'était pour ma mère », mais « je suis un artiste ». Et il sera acquitté avec des félicitations.

Quand ils ne font pas tam-tam comme les nègres, en se contorsionnant jusqu'à l'épilepsie pour attirer les badauds autour de leurs tréteaux, quand ils ne piquent point du groin dans toutes les déjections pour nous choisir celles qu'ils estiment les plus délectables parce que les plus nauséabondes, nos baladins de plume se retirent dans leur « tour d'ivoire » pour se livrer impassiblement au jeu puéril que Gœthe nommait « la chasse aux mots ». Ceux-ci sont les moins dangereux ; mais, peut-être, les plus stupides. Et tout de même des parasites.

Il y a de très grands talents, l'habileté à exprimer tout sans rien ressentir ni concevoir n'a jamais été plus répandue ni poussée plus loin : parmi les vivants, je ne vois pas de « maîtres ». Et la meilleure preuve qu'il n'y en a pas, c'est que le « cher maître » est ridiculement prodigué.

Et il n'y en a pas, parce qu'il ne peut y en avoir. Un maître est celui qui enseigne, qui dirige, qui aime, — qui s'oublie. Dans le tohubohu actuel, avec nos besoins de luxe, de parade, avec les « droits d'auteur » qui les satisfont largement en les compliquant, il n'y a que des marchands de phrases qui redoutent les concurrents nouveaux, des pitres lamentables qui, chaque soir, chez eux, verrous tirés, essuient les fards, se débarrassent des oripeaux et se transforment en hommes d'affaires pour inscrire sur leurs livres de caisse l'argent reçu des éditeurs pour leurs cabrioles, l'argent versé pour la publicité et l'orchestre, et aussi les frais d'une renommée qu'on fume comme un champ pour lui faire rapporter des lauriers d'or. S'il vient, l'art ne vient qu'après. Et bien après encore, s'il peut, le bien.

Marquons l'imbécillité — combien « diabolique » ! — des esthètes qui n'ont pu comprendre que le beau est purement subjectif. Pour l'homme tout se rapporte à l'Humanité : le beau comme le bon et le vrai.

Il y a l'Académie française et ses prix. Sans doute, elle pourrait quelque chose. Elle est un corps constitué, une autorité possible. Mais il est évident qu'elle préfère être un salon d'hommes du monde, sinon un syndicat d'hommes de lettres. Il s'agit de rester de bon ton, de ne rien casser, de n'être désagréable à personne et de ne pas gâter le métier. Mesquines préoccupations de petits esprits dans l'épouvantable débâcle française !

Charlatan, le philosophe qui n'unifie pas; histrions, l'écrivain, l'artiste qui n'élèvent pas; prostituée, la femme qui ne purifie pas.

Si l'on pèse les conséquences, il n'y a pas de crimes pires que la concussion dans le temporel et la simonie dans le spirituel. Cette corruption pénètre jusqu'au cœur de la société, elle fait les peuples sans loi et sans foi en leur inspirant le mépris et la haine de toutes supériorité d'état. Elle rend le gouvernement impossible.

Quand ils se refusent honnêtement à tenir un rôle qui n'est pas le leur, quand ils ne traitent pas inconsidérément du supérieur par l'inférieur, par exemple, de la sociologie par la statistique et de la religion par la mécanique, la science ni les savants, ce que présentement nous nommons ainsi, ne sauraient être rendus responsables de l'abrutissement général. Les savants ne contribuent à l'inquiétante régression d'humanité actuelle que dans la mesure où ils prétendent à une fonction spirituelle qu'ils sont incapables de remplir convenablement.

Malgré leur insuffisance, pour le compte de l'État jacobin, et à sa suggestion, les lettrés ont constitué une sorte de clergé baroque qui a exagéré tous les défauts d'une caste sacerdotale sans en pratiquer aucune des vertus et sans en assumer aucun des devoirs.

Traitant vicieusement du supérieur par l'inférieur, de l'ensemble par le détail, de le généralité par la spécialité, du constant par le changeant, du durable par le provisoire, quand les savants se sont détournés des croyances traditionnelles, ils n'ont pu s'élever plus haut que le puéril, grossier et absurde matérialisme. Encore ne peuvent-ils pas toujours s'y tenir. Beaucoup d'entre eux, aujourd'hui, en l'avouant ou non, partagent les plus basses et les plus ineptes superstitions du spiritisme.

Nous avons vu des mathématiciens prononcer en politique, des physiciens critiquer la morale traditionnelle, et parfois en actes, des chimistes philosopher et des biologistes trancher en sociologie.

Ces savants manquaient de doctrine et ils ne possédaient pas la véritable science et la vigueur morale qu'exige toute construction, même défectueuse. Sans base et sans direction, ils prirent pour des principes les prétextes de leurs intérêts et de leurs passions, ou de vagues rêveries. Ces athées sont d'une crédulité invraisemblable. Ils ne sont jamais contenus, défendus et guidés que par le contrôle matériel immédiat, et en politique, en philosophie, en sociologie, ce contrôle n'est pas possible. Les plus grossières impostures des médiums spirites et des charlatans leur en imposent donc facilement. Il suffit que la folie s'exprime en signes algébriques pour qu'ils l'acclament comme la sagesse.

Mathématiciens, physiciens, chimistes, biologistes vont remplacer les prêtres. Hélas ! ces mandarins sont au service de toutes les puissances temporelles, et c'est assez dire qu'ils ne les peuvent régler. Ils ne se peuvent régler eux-mêmes. On ne le voit que trop, ils manquent de doctrine, ils manquent de cœur. S'ils savent trouver parfois la formule d'un explosif plus meurtrier, ils ignorent pourquoi cet explosif fait sauter d'abord les navires des peuples irréligieux et donc dissociés. Ingénieux à peser, à décomposer la matière, à combiner ses molécules, les éléments moraux leur échappent. Leur compétence s'arrête où commencent les catégories politiques, sociales ou morales.

Le vrai savant, le vrai philosophe, précisément parce qu'ils savent tout ce qu'il importe de savoir, sont sans présomption. Les réalités ne peuvent susciter que des sentiments réels.

Il est fâcheux que la médecine soit un métier. Elle ne peut être exercée dignement que par une sorte de classe sacerdotale au service de la société tout entière, car le physique dépend du moral. Nos morticoles ne savent ni, trop âpres au gain, ne peuvent traiter le moral.

La préparation toute matérialiste des médecins n'en fait, somme toute, comme le disait bien Auguste Comte, que des vétérinaires. On ne soigne pas le corps sans l'âme.

Il est évidemment dangereux de confier la naissance, la santé, la vie et la mort des nôtres à des vétérinaires, — surtout s'ils sont pressés par une concurrence sans merci et talonnés par la faim...

Nos célébrités du jour ne sont que les gagne-petit du talent. Ils afferment leur notoriété. Ils mettent leur immortalité en viager. A part quelques nobles exceptions, le monde de la littérature, de la science, de l'Université, des salons, n'a rien fait pour enrayer la décomposition morale, la désagrégation sociale. Il a tout concédé. Il s'est vautré dans la plus vile simonie. Désormais, il est disqualifié.

« C'est par la tête que pourrit le poisson », dit un proverbe oriental. C'est le désordre d'en haut qui fait celui d'en bas. Ce sont les divagations de l'esprit qui provoquent les aberrations du cœur.

Il faut rendre responsables ceux qui ont charge d'âmes. Il y a des puffismes à flétrir, des malfaiteurs intellectuels à dénoncer, de saines publicités à entreprendre. Il y a de salutaires boycottages à prescrire.

Comme les possédants sont surtout des possédés qu'il faut exorciser, nos innombrables

« maîtres » d'un jour sont surtout des esclaves qu'il faut émanciper.

Comment faire entendre a une masse abêtie par ses instituteurs : ceux de l'école, ceux de la presse, ceux de la réunion et ceux du parlement, que s'agiter n'est pas toujours avancer ; changer, acquérir ; par contre, que préserver le patrimoine commun n'est pas rétrograder et que préférer un passé glorieux à un présent honteux n'est pas nécessairement enrayer la possibilité d'un avenir meilleur ? Comment lui faire entendre que « le vrai progrès n'est que le développement de l'ordre » ?

Quand on montre à un écrivain ou à un orateur les résultats réels et les conséquences immédiates de ses théories, il insinue qu'il a été mal compris. A l'entendre, c'est la logique des faits et non celle de ses idées qu'il faut accuser.

Il serait temps qu'une opinion publique organisée imposât rigoureusement à tous les théoriciens la responsabilité morale de leurs idées.

Ce n'est pas la splendeur de l'expression, sa logique apparente, ni même l'intention généreuse de son propagateur que nous avons à apprécier dans l'idée qui présente ses titres : c'est la manière dont elle pénètre les foules sociales, dont elle élève les âmes en les illuminant, dont elle se traduit en définitive dans les actes. Tolstoï est responsable de l'agonie épouvantable des Doukhobors ; Élisée Reclus et Kropotkine, malgré la magnificence de leur idéal et l'admirable droiture de leur vie, sont responsables de Ravachol, d'Émile Henry et de toutes les aberrations de la « propagande par le fait ».

Ce n'est pas en sollicitant la démocratie qu'on la sert. Au contraire, il ne faut aller au peuple que pour l'instruire, redresser ses préjugés, discipliner ses instincts et l'organiser. Certes, on a ainsi plus de chance d'être lapidé que couronné ; mais, dans l'histoire de l'Humanité, le Golgotha l'emporte toujours sur le Panthéon.

Ce n'est pas éclairer la foule que la flagorner, et il importe peu que ce soit en latin de pédant ou en argot d'arsouille.

L'alcoolisme est beaucoup plus un effet de la dégénérescence qu'une cause. C'est l'organisme fatigué qui a besoin d'excitant, c'est la volonté affaissée ou égarée qui, instinctivement, cherche à se remonter. Les prédications puritaines n'y peuvent rien ; les prohibitions légales, pas grand'chose. En réduisant peu à peu le nombre des cabarets, en supprimant le privilège des bouilleurs de cru, en réprimant vigoureusement l'ivresse publique et surtout ses fauteurs, l'État aura fait à peu près tout ce que peut la contrainte sur les mœurs.

Par paresse d'esprit ou légèreté de cœur, les Français ont une fâcheuse tendance à croire aux petits trucs miraculeux qui les dispenseraient de réfléchir et d'agir.

L'éducation populaire ne consiste pas à faire des conférences, comme l'imaginent les cuistres, mais à vivre en sympathie, à comprendre et à se faire comprendre. Les démagogues, et c'est ce qui fait leur force, ont au moins cette apparence de la sympathie.

Le prosélytisme est un viol sournois de la conscience et de la pensée.

On ne circonscrit pas les épidémies, on ne parque pas le vice, on ne limite pas les explosions de haine.

Les éloquentes prédications sur l'impératif catégorique, le dictamen de la conscience, l'heureuse humilité n'ont jamais persuadé personne, — pas même les moralistes. Il faut des institutions, des forces sociales qui créent les habitudes ou qui contraignent.

Certes, les forces morales l'emportent. Mais à condition d'être des forces, et morales, c'est-à-dire organisées. Ce ne sont pas des divagations personnelles, inconsistantes et contradictoires, qui font les mœurs : elles ne peuvent que les corroder. Ce ne sont pas les prédications qui disciplinent : elles n'incitent qu'à l'hypocrisie. Avec des mots, la « conscience » se justifie toujours.

Il y a des ligues morales contre l'alcoolisme, la pornographie, la débauche, etc. Elles font des conférences, elles publient des brochures, elles réclament des lois répressives, elles en appellent aux juges, — elles ne vont pas aux racines. Ces philanthropes et ces moralistes qui s'agitent avec intempérance pour dessaler la mer, ils feraient mieux d'appuyer les syndicats ouvriers qui s'efforcent d'éliminer la femme de l'atelier. Voilà une belle œuvre moralisatrice ! Pour nous ramener à l'ordre, il faut toujours en revenir aux libertés. Mais peut-être ne tiennent-ils point tant que cela à réaliser un état social où l'on se passerait de moralistes et de philanthropes !

Les philanthropes et les moralistes affectionnent trop les tâches faciles et glorieuses, ils répugnent trop à la pénible et vulgaire besogne de fouiller le social pour atteindre les racines qui y sont enfoncées profondément. Ils sont généreux et éloquents : on souhaiterait qu'ils fussent désintéressés et ardents. Leur charité ne peut rien contre la misère, non plus que leurs ligues contre le vice. Il semble, vraiment, après tant d'expériences décisives, qu'ils négligent de s'en prendre décidément au mal même, pour avoir toujours à exercer leur bienfaisance sur les effets.

Les moralistes ne peuvent jamais qu'améliorer nos intentions. Ce n'est pas suffisant. D'autant plus que cela ne va pas sans quelques brumes métaphysiques.

Nos intellectuels, infatués de leur érudition et de leur misérable logique, ne savent que savoir. Il faut avant tout savoir agir et savoir aimer.

La plus absurde des chimères serait de prétendre régénérer notre peuple par les procédés, avec les gens titrés, chamarrés et célèbres, au nom des billevesées grandiloquentes qui l'ont dissocié, égaré, abruti, et finalement conduit aux abîmes.

XXIII

DROITS ET DEVOIRS

Une société qui en est à se demander si elle a le « droit » de se défendre est déjà condamnée. De même un peuple.

On nous invente et on nous offre chaque jour des dispenses nouvelles, on proclame à tous les carrefours des droits nouveaux : il nous faut, au contraire, remettre en vigueur tous les devoirs, même les plus désuets, — pour n'en pas omettre.

De même qu'il n'y a pas de droit indispensable, il n'y a pas de devoir inutile.

« Ce qu'est la justice, disait Bentham, c'est un sujet de disputes en toute occasion. » Ce que sont les droits, ajouterai-je, ce sont les inépuisables motifs de conflits entre tous. Et ces conflits ne se règlent que par la contrainte. Tout droit individuel se revendique contre le social.

La société ne se peut défendre qu'on lui élevant des barrières d'airain. Au contraire, le devoir n'a d'autre limite naturelle que le pouvoir, et c'est la paix, parce qu'il s'accomplit par tous envers tous. Il restreint au minimum la contrainte du temporel pour exalter au maximum l'influence persuasive du spirituel. Le précepte individualiste est réellement : vivre par autrui ; le précepte positiviste est : vivre pour autrui.

Le point de vue social, positif, qui est celui du devoir, ne saurait se concilier, ni théoriquement, ni pratiquement, avec le point de vue personnel, négatif, qui est celui du droit. Les devoirs sont le ciment social, les droits son des ferments destructifs.

Les devoirs sont positifs, les droits sont négatifs ; ceux-là sont une capitalisation de forces sociales, ceux-ci sont une dépense ; ceux-là sont la coopération féconde, ceux-ci sont le parasitisme mortel. Les devoirs sont remplis par tous et sont pour tous, en définitive ; les droits sont pour quelques-uns et contre d'autres, ou encore — et c'est bien la mystification suprême — s'ils sont exercés par tous, c'est contre tous. Les devoirs fortifient la société de toutes les forces qui convergent vers elle, les droits l'affaiblissent de tout le sang qu'on lui soutire ; ceux-là disciplinent, forgent les volontés individuelles, ceux-ci dispersent, énervent, atrophient les énergies.

Il n'est de réformes durables que par la meilleure convergence des efforts, qui nécessite des règles sociales plus sévères et qui impose, en conséquence, des devoirs de plus en plus complexes et une responsabilité de plus en plus étendue.

Qui ne voit que si chacun faisait tout son devoir et plus, sans peser, c'est-à-dire sans frauder, les choses iraient mieux, — en ordre, en justice, en liberté et en humanité ?...

Si tous les citoyens font tous leurs devoirs, n'est-ce point comme s'ils obtenaient tous les droits possibles ? Si personne ne remplit ses devoirs, si, de ce fait, il n'y a plus de société, peut-il y avoir d'autres droits à exercer pour chacun que ceux, limités à ses pauvres moyens et à sa précaire existence, de la bête sauvage ?

Il n'y a pas d'autre voie de salut. L'ordre positif n'est possible que si nous substituons la notion organique des devoirs, seule base de la paix sociale, à la notion anarchique des droits, principe de la guerre sociale.

On n'entend rien au positivisme, on ne saurait avoir une idée du social, si l'on ne reconnaît pas comme évident que la notion de « devoirs » est positive et que la notion de « droits » est métaphysique. Celle-ci suppose nécessairement qu'on abstrait l'individu de la réalité sociale et qu'on le considère comme une chose en soi. On ne saurait définir positivement l'individu, et donc justifier positivement la notion des droits individuels. Le pernicieux principe de l'erreur révolutionnaire est là, pour aboutir à l'étatisme et partant à la ploutocratie.

Nous ne valons jamais que par ce que, lentement, au cours des siècles, la famille, la race, la société, l'Humanité ont mis en nous et par les devoirs que nous nous reconnaissons.

Le sentiment du devoir et la notion de responsabilité sont les fondements de toute socialité.

Le dévouement est le remède à toutes les maladies de l'âme, et parfois à celles du corps.

C'est la meilleure règle d'hygiène intellectuelle et morale et la meilleure méthode d'action que le positivisme formule par son précepte: « Penser pour agir et agir par affection. »

Il n'y a de sécurité que dans l'ordre, de sérénité que dans la discipline, de vraie joie que dans le dévouement.

La liberté possible n'est que dans l'ordre. Des égoïsmes déchaînés s'oppriment et se ruinent. L'individualité est un produit social. On ne se réalise qu'en se contenant. On ne s'accomplit que par l'effort. Pour s'élever, il faut se soumettre d'abord.

XXIV

APERÇUS SOCIOLOGIQUES

La société, c'est l'organisation des forces naturelles pour les fins humaines.

Toutes les sociétés sont composées des mêmes éléments sociaux qui ont besoin du même milieu vital originel. Elles ne varient que par la complexité des combinaisons.

Quels que soient leur mécanisme, leur principe et leur fin, les institutions ne valent que par l'éducation sociale qu'elles réalisent, par l'esprit qui les anime et par les hommes qui les vivent.

Dans les stratifications de la socialité, ce sont les couches supérieures, les plus récentes acquisitions de la civilisation qui sont tout d'abord les plus exposées à disparaître.

Depuis que nous ne supportons plus que Dieu, un prêtre, un prince ou même des principes nous astreignent à quelque méthode qui nous guide, à quelque discipline qui nous contienne, à quelque devoir, à l'abnégation, au dévouement, qui sont le ciment des sociétés, nous sommes toujours prêts à sacrifier à n'importe quel sophisme, plus ou moins captieux, à n'importe quelle formule, plus ou moins scientifique, non pas nos aises, certes, mais l'effort des siècles, l'héritage sacré des morts et l'ordre.

Dans le corps social, on ne localise point le mal. Tout se tient. Il n'y a qu'un remède d'ensemble qui puisse être efficace.

Pas de désordres spéciaux. Tel abcès décèle une diathèse et demande un traitement général. Traité localement, peu après il reparaît, plus virulent, dans une partie plus vitale.

L'homme qui est privé d'air meurt, la société qui manque d'ordre se dissout. L'ensemble social n'est pas la somme des individus. Il est une réalité vivante. Les individus ne sont que des abstractions.

Il n'y a pas de solution partielle. Il faut une méthode, il faut une doctrine. Et ce ne sont pas les flonflons oratoires sur la « Justice » et la « Vérité » qui y suppléeront.

Que chacun exécute d'abord la tâche pour laquelle il est le plus propre, soit ; mais aussi qu'il connaisse comment cette tâche se relie à l'ensemble.

Socialement, il n'y a de vrai que ce qui unit les hommes ; moralement, que ce qui les élève.

Toute société est en somme un concours organisé des forces continues. Il y a eu des sociétés, il y en aura encore avant que la raison et la fin de toutes choses soient connues, — si elles doivent l'être jamais. De là, la nécessité sociale des grandes synthèses subjectives que sont les religions.

Dans toutes les graves conjonctures d'une existence privée et d'une existence publique de plus en plus trépidantes et incertaines de leurs fins comme de leurs moyens, il faut projeter une lumière qui guide l'esprit et un foyer qui réchauffe l'âme.

Des âmes, cela ne se laisse voir que par les yeux de l'âme.

Le pire, ce n'est pas d'agir mal, c'est de ne pas le savoir ou d'imaginer des prétextes ou des excuses.

Quand l'homme s'inquiète précisément de ce qu'il ne peut connaître, c'est que son intelligence est déréglée. Car ce qu'il ne peut connaître, il est évident qu'il n'a pas besoin de le connaître. Ce qui lui est accessible seul lui est utile. Il faut se soumettre.

La guerre nous a arrachés brutalement à cet engourdissement béat de bien-être qui était une lente déliquescence dans le verbiage, la futilité et l'idéologie. Si nous ne voulons pas y retomber, il nous faudra reviser nos motifs, nos mobiles, nos raisons, nos principes et nos fins. Nous avons, en nous, des jougs ignobles à secouer, nous avons des provinces de notre âme à libérer, des énergies de nos cœurs à exalter. Nous avons à replacer l'esprit sur le trône qu'a usurpé l'argent.

Que la sociologie comprenne les phénomènes les plus complexes, c'est ce qui explique pourquoi la métaphysique s'y peut retrancher encore. De plus, leur complexité même rendant ces phénomènes très modifiables, chacun, dans notre anarchie, cherche à les modifier suivant ses préjugés, ses caprices et ses intérêts. Il en résulte la décomposition sociale à laquelle nous assistons et dont peut périr la civilisation occidentale.

Si l'induction n'est plus « la clé de la nature », reconnue par Taine, si nous ne devons plus « induire pour déduire, afin de construire », comme le prescrivait A. Comte, nous ne pouvons conclure en rien sur rien, aucune action ne peut plus s'ordonner, aucune discipline ne peut plus être consentie, le monde devient le reflet des divagations de notre esprit ou le jouet de nos caprices.

Qu'est-ce que déraisonner, demande-t-on ? Un positiviste peut répondre : c'est refuser de se soumettre aux réalités constantes, aux conditions de la santé, de la raison et de l'ordre.

La science n'a pas d'autre fin que de chercher la constance des rapports, c'est-à-dire d'établir des lois. La statistique ne peut jamais que vérifier ces lois. Elle ne saurait les découvrir.

La statistique morale, les ingénieuses applications du calcul des probabilités aux phénomènes sociaux, la fameuse théorie de l'homme moyen de Quételet ont séduit jadis bien des esprits que la méthode positive eût mis en garde. Il en est de même de beaucoup de théories à la mode aujourd'hui, depuis le pragmatisme inférieur de William James jusqu'au subtil intuitionisme de M. Bergson, en passant par le fumeux réalisme de M. Durkheim.

La statistique n'est jamais qu'un expédient. La prévision qu'elle permet est tout empirique. Elle n'est pas certaine. Il suffit qu'un des éléments inconnus soit modifié pour que la prévision se trouve en défaut. Il est vrai que Quételet comptait sur la neutralisation des « causes accidentelles » inconnues. Mais c'est reconnaître que la statistique a d'autant plus d'importance que la sociologie est moins avancée.

Des matériaux accumulés avec patience ne suppléent point une lumière ni une doctrine.

Le physique est au-dessous du moral qu'une vraie synthèse doit comprendre. On ne décide pas du supérieur par l'inférieur, de la sociologie par la biologie, de la biologie par la chimie, et ainsi de suite. La géniale classification des sciences de Comte a établi définitivement la hiérarchie nécessaire de nos connaissances. Et c'est du sommet, après avoir gravi tous les degrés, qu'il faut enseigner, conseiller, consacrer et régler.

Une science qui n'a d'autre fin qu'elle-même est une absurdité.

Une explication ne termine rien, elle complique tout. D'un problème qu'on croit résolu surgissent d'autres problèmes plus complexes.

La science n'est pas une doctrine. Elle n'en peut être que le préambule, et à condition qu'elle ordonne ses matériaux, qu'elle se préoccupe plus de les ordonner que de les accumuler.

La sociologie embrasse toutes les sciences dont elle est la raison positive et la fin : à vrai dire, il n'y a qu'une science, celle de l'Humanité, parce qu'il n'y a de science que du général. Et le plus général, pour l'homme, c'est évidemment l'Humanité.

Sans méthode et sans doctrine, l'expérience ne mène qu'à se contredire. On conserve les faux principes en s'évertuant à éviter leurs fâcheuses conséquences. Il n'est pas de position moins sûre.

L'intelligence, d'abord, confond toutes choses, puis elle commence à distinguer, puis elle sérié, puis elle évalue. L'activité, d'abord, veut tout embrasser, puis elle divise, puis elle hiérarchise.

Le fétichisme est le premier état de l'esprit humain. Personne, aucun peuple n'y a échappé. L'enfant est aussi fétichiste que le nègre ; la femme l'est beaucoup ; l'homme fait, et même d'une culture raffinée, ne laisse pas de l'être quelque peu, en pratique, — et il est bon, d'ailleurs, qu'il sente encore vibrer en lui l'âme ingénue des ancêtres. Le meilleur de sa vie sentimentale et même l'ordinaire de sa vie pratique s'alimentent de fétichisme. Le sens commun, qui est assez souvent le bon sens, s'en inspire. S'élever, ce n'est pas se séparer, se rétrécir, rejeter, c'est embrasser et comprendre.

Il n'y a pas de vérité abstraite, il y a des vérités, et c'est dire qu'il y a une hiérarchie de vérités. Ne disons point : la nécessité prime la vérité ; mais : la nécessité est une vérité, il y a des degrés dans la nécessité, il y en a dans la vérité. La nécessité de l'ordre est une vérité supérieure.

Une vérité se prouve par ses conséquences bien plus sûrement que par la dialectique.

Suivre l'erreur relative qui mène au vrai, délaisser les minutieuses précisions qui aboutissent au faux.

Un fait social constant est déterminé par des faits sociaux.

Une société est un tout, un organisme dont toutes les parties se déterminent les unes les autres. Ainsi qu'un organisme, elle est soumise à des lois de balancement, de corrélation ou de coordination des organes, de compensation de croissance, de changement de fonction, etc... Avec un débris de squelette, Cuvier reconstituait entièrement une espèce disparue, — d'une institution caractérisée, dans une société donnée, il est possible de déduire les autres. On ne peut agir directement sur une partie sans qu'il y ait retentissement sur les autres parties. Mais c'est agir au hasard, car on ignore ce que seront ces répercussions inattendues et si elles ne susciteront pas — ce qui arrive le plus souvent — une réaction au moins égale à l'action, et par laquelle l'ancien état de choses se trouve restauré, non sans quelques troubles fonctionnels.

Tout ce qui manifeste le monde, l'Humanité, la société, est réductible à un nombre limité de lois dont beaucoup sont connues. C'est tout ce que l'homme a vraiment besoin de savoir. Ce sont donc ces lois générales qu'il faut enseigner surtout, — et ce sont les dogmes positivistes.

Chaque fait social a pour cause un fait antécédent et pour terme une série de faits subséquents.

Les phénomènes sociaux sont les plus complexes, les plus imparfaits, et donc les plus modifiables.

C'est dans l'application même des principes positifs, d'après les dures leçons de l'expérience, qu'on reconnaîtra la nécessité, pour bien agir, bien penser et bien aimer, d'avoir une règle et une foi. On ne saurait contribuer efficacement à rétablir l'ordre dans la société qu'en le réalisant d'abord en soi-même. Pour bien s'accorder avec les autres, il faut s'accorder avec soi-même dans toutes les phases de la vie. Pour former des volontés sociales, il faut donc reconstruire, avec les institutions, les opinions et les mœurs.

XXV

LES DEVOIRS DE L'ÉLITE NOUVELLE

Les soi-disant pouvoirs spirituels éparpillés ne sont pas en fait des pouvoirs, parce qu'ils ne sont pas des forces agissantes efficaces. Au lieu d'être au-dessus pour conseiller, consacrer et régler, ils sont subalternisés pour servir tous les abus.

On peut tirer tout de toutes les théories sans racines dans l'âme ou sans fondement social. Et c'est le malheur du temps qu'il n'y ait que des théories et pas de doctrine, de la logique et pas de cœur. Quand elles ne se subordonnent point au sentiment social, la raison et l'énergie ne sont jamais qu'au service des impulsions égoïstes les plus antagoniques.

Pour être ce qu'elle devrait être, avoir l'influence bienfaisante qu'elle devrait avoir, il faudrait que l'Académie française décidât qu'aucun de ses membres ne peut, en aucun cas, recevoir de rémunération pour quelque fonction, pour quelque œuvre, passée, présente ou future, que ce soit.

Quelle noble initiative à prendre pour celui qui aurait l'ambition d'être un maître, vraiment !

Les belles-lettres, on les aime autant qu'eux, et pour elles-mêmes ; mais à leur vraie place et sans affectation ridicule. On les aimera mieux encore, avec plus d'intelligence, quand personne n'en trafiquera.

Sociales dans leur source comme la propriété, l'autorité et la pensée doivent être sociales dans leur destination. Mais si l'appropriation individuelle paraît le meilleur mode de gestion de la richesse, si la direction unique, continue et responsable réalise le plus efficace commandement, la pensée ne saurait s'exprimer sincèrement et se faire bien entendre qu'étant indépendante et donc désintéressée. Toute vénalité la trouble, l'asservit et l'avilit. Comment pourrait-elle conseiller, consacrer et régler les puissances temporelles si elle y participe ou si elle en sollicite les bénéfices ?

Sans la pousser au pinacle, il faut que l'intelligence reprenne sa place, — qui n'est pas dans les mauvais lieux où tout s'achète. Mais elle ne la reprendra qu'avec son indépendance et sa dignité, c'est-à-dire le désintéressement, la modestie et la pauvreté.

Pour que la littérature reprenne sa place honorable dans la société et soit tout ce qu'elle peut être, pour que les meilleurs écrivains obtiennent les meilleurs rangs, il faut abolir définitivement la prétendue propriété littéraire.

La propriété littéraire sera toujours un obstacle insurmontable au relèvement de l'art, à l'indépendance de l'intelligence. La vénalité vicie irrémédiablement tout office spirituel.

Si l'on souhaite que prolétaires et intellectuels restent pauvres et ne participent aucunement — même par le vote — au gouvernement politique et économique, ce n'est point pour asservir et avilir la pensée et l'activité, mais, au contraire, pour les libérer et les honorer.

La discipline n'est forte que si ceux qui ont l'autorité spirituelle sont respectés, et ils ne sont respectés que s'ils ne font pas argent de leur pensée, s'ils sont respectables.

L'élite n'a que faire de la richesse. Elle sait que les vraies joies humaines sont celles de la sympathie, de la science, de la beauté, de l'indépendance dans l'ordre, et de les faire partager. Quand elle ne le sait pas, c'est qu'elle n'est pas l'élite vraie.

On ne saurait prétendre à régler l'argent et à diriger le nombre quand on en dépend de quelque façon.

Pour créer de la beauté, il faut l'aimer. Il faut de la foi et de la joie. Cela ne se vend pas. L'art est une communion sociale, une sympathie généralisée, et il n'y a plus d'art quand la société est dissoute.

A l'artiste, il faut une foi, et qu'il travaille avec amour, donc avec désintéressement. Et pour cela, il faut qu'il y ait de l'ordre dans la société, c'est-à-dire que l'argent, à sa place subordonnée, ne représente pas toute la force sociale. Ces conditions réalisées, il pourra surgir, « pour l'amour de l'Humanité », d'aussi magnifiques artistes qu'il y en eut « pour l'amour de Dieu ».

Pour être saine, élevée, belle, la littérature doit s'épanouir dans une société fortement constituée et qui vit vraiment. Dans l'ordre seulement, la littérature trouve la règle qui maintient et concentre. A une poussière d'individus, à des passants effarés, pour qui l'insaisissable présent est tout, la littérature mercenaire ne peut offrir que ce qui flatte chacun de ces passants, dans le moment présent qui est toute sa vie ; et c'est l'ignoble, le débordement des bestialités, une dissolution générale, ce qui s'oppose à l'ensemble, à ce qui dure, — à l'art véritable.

L'art est de l'ordre du sentiment et des émotions. Mais il n'en est que plus subjectif. Plus encore que la raison et la volonté, le sentiment n'est puissant que s'il est organisé, relié à un ensemble. La systématisation des sentiments humains, a dit Comte pour justifier son œuvre totale, est « la suite nécessaire de celle des idées et la base indispensable de celle des institutions ».

La conception positive du beau comprend l'histoire de l'art. Et voilà qui clôt le débat de l'influence des mœurs sur la littérature ou de la littérature sur les mœurs.

Pour qu'il ne soit pas corrupteur, il faut que l'art soit exalté par une grande ferveur religieuse. Il faut que le sentiment général concoure, qu'il y ait communion sociale. C'est ainsi que l'art s'élève aux plus hautes cimes. Socialement, il ne peut être que sublime.

Mais plus il est bas, plus il a d'officiants. Ce parasitisme est vraiment trop facile et avantageux. Aussi avons-nous dix mille littérateurs, pour ne compter que ceux-là. La plupart de nos collégiens, sans autre ressort qu'une vanité exacerbée, sans autre idéal que la paresse et la jouissance, s'intronisent « artistes ». C'est à la mesure du plus cancre.

L'art est essentiellement religieux. C'est le ciment nécessaire de toute synthèse, de toute synergie, de toute sympathie. De même, parce qu'elle n'est pas humaine, une religion sans art n'est jamais plus qu'une superstition ou un fanatisme qui passe.

Parce qu'il est créateur, l'ordre est la suprême beauté. Et c'est lui qu'il faut servir d'abord, — qu'on soit grammairien ou menuisier.

C'est dans les époques organiques, où le peuple n'a qu'une âme, que le grand art s'épanouit. L'art est la fleur de la socialité.

Il n'y a pas de « vie privée », surtout pour ceux qui prétendent à diriger. L'exemple sera toujours le meilleur enseignement.

La vie privée est la source de la vie publique, — et quand celle-là est putride, celle-ci ne saurait être pure.

Ce serait déjà quelque chose — une véritable puissance spirituelle — qu'un groupe d'hommes renonçant délibérément à toute candidature, à toute distinction, à tout lucre, pour se consacrer à l'éducation populaire et à l'organisation sociale.

Ce sont quelques justes seulement qui sauvent les cités maudites.

Pour être de ces justes, ou plutôt de ces sages, il faut que notre vie soit une prière constante, nous voulons dire une vie vraie dont chaque acte résume simplement tout ce qui la constitue, tout ce qui en fait le prix pour des hommes : aimer, penser, agir.

Il faut laisser à l'Église toute son efficacité humaine éprouvée par les siècles. L'homme n'est pas fait pour l'exégèse, mais l'exégèse pour l'homme.

L'Église ne défend plus assez ses fidèles contre les vagabondages de l'esprit et du cœur. Elle hésite entre sa réalité sociale et son inspiration mystique. Il n'y a pourtant pas de plus grand miracle dont elle se puisse glorifier, et de moins contestable, que sa merveilleuse fécondité sociale au moyen âge. Qu'elle s'inspire de ce passé !

Les éducateurs ne s'absorberont pas stérilement dans la vaine recherche de la vérité absolue, ils se borneront à mettre en lumière les vérités réconfortantes et fécondes, celles qui conviennent, en un temps troublé, à un peuple désemparé, à une société en pleine décomposition. Ils viseront non au sublime quintessencié, mais au bon sens ; non à la parfaite justice, mais à l'ordre possible ; non à étonner, mais à servir ; non aux applaudissements provisoires que provoque l'éloquence des phrases, mais à la sympathie durable qu'éveille l'âme qui se donne.

Les dignes écrivains ne feront point commerce de divertissements plus ou moins élégants. Ils ne tiendront pas boutique d'idées, d'émotions et de mots.

Ce désintéressement seul peut leur donner l'indépendance et le prestige indispensables aux éducateurs. On pourra moquer leur naïveté, on ne pourra plus les casser aux gages comme de la valetaille, ni les siffler comme des baladins de lettres. Et pour les vrais artistes et les vrais penseurs, cela vaudra mieux que tout l'or du monde. Les éducateurs négligeront donc ce qui appelle et retient le succès pour se préoccuper simplement de ce qu'il importe d'enseigner. Ils ne serviront pas la foule qui acclame et exige qu'on la flatte ou l'amuse pour son argent, mais la société française menacée de périr.

Au philosophe, il convient d'adjoindre l'artiste, car l'idée n'agit profondément qu'à l'état de sentiment, comme le sentiment ne se discipline que par le concours; et à la femme, le vieillard qui maintient plus fermement la tradition et fortifie ainsi une heureuse tendance conservatrice.

Pour subordonner de plus en plus l'égoïsme à l'altruisme, pour développer la sociabilité, les simples préceptes moraux, quelque élevés soient-ils, ne peuvent grand'chose — sinon cultiver une phraséologie hypocrite — sans une ferme autorité spirituelle enseignant, conseillant, jugeant, réglant, c'est-à-dire organisant l'éducation et dirigeant l'opinion publique.

Le cléricalisme est tellement indispensable qu'il s'en constitue toujours un, spontanément, jusque dans la pire anarchie. Sans remonter à 1793, nous en voyons aujourd'hui une grossière caricature dans la presse, la politiquerie, la franc-maçonnerie, l'intellectualisme, et même dans la Confédération générale du travail.

XXVI

L'ORGANISATION DE L'OPINION PUBLIQUE

Si l'intérêt général n'est pas mieux armé que chaque catégorie d'intérêts particuliers, il ne peut subordonner ceux-ci. Si la force d'ordre n'est pas plus puissante que chaque élément de perturbation, elle ne saurait en réprimer aucun. Et quand on ne peut ordonner, il faut solliciter. Mais ce n'est que pour aggraver le désarroi. Toute action publique, astreinte d'abord à quémander la popularité et à rechercher le succès immédiat, délaisse nécessairement le but qu'elle s'assigne pour s'assurer les moyens.

Ce ne sont pas les volontés, quelles qu'elles soient, que nous avons à exalter : ce sont les bonnes volontés que nous avons à rallier et à organiser. Pour mieux dire, ce sont les caractères que nous avons à former, — si l'on entend bien que le caractère est un ensemble organique de vertus sociales. L'ordre y est nécessaire.

Tout doit être ramené à l'éducation sociale, à la formation des intelligences, des caractères et des sensibilités. Il faut apprendre à « penser pour agir et agir par affection ».

Parce qu'elle n'est qu'un résultat social, c'est en s'oubliant que l'individualité s'accentue et c'est en oubliant la société qu'elle s'atrophie.

L'individu n'a d'autre raison d'être que de contribuer à la fin de l'espèce.

L'éducation, même celle d'un nègre du centre africain, est une œuvre du temps. On peut l'annihiler rapidement, on ne la recrée point à son gré. En se mêlant, les peuples échangent leurs vices et non leurs vertus. Les premiers mots qu'un étranger apprend sont d'argot.

L'anarchie ne peut organiser que l'anarchie. Les vraies fonctions sociales s'ordonnent par leur propre exercice. Elles commandent nécessairement la synergie. Les « hommes d'intelligence » ne s'organiseront que dans l'ordre, et pour remplir honnêtement leur fonction sociale, — à leur place, qui n'est pas la première.

L'ordre comporte certaines conditions, — qui excluent tout parasitisme.

L'éducation se fait surtout par les institutions, c'est-à-dire par le jeu souple et vivant des libertés. Or, dans une société désorganisée, à étiquette démocratique ou autocratique, les institutions traditionnelles s'affaiblissent et perdent leurs vertus éducatives. On y supplée, sans doute; mais tout ce qu'on tente en ce sens est contre-éducateur.

Toute fonction sociale est éducatrice.

Il n'y a qu'une route de lumière qui monte : savoir, penser, vouloir, agir, vénérer, aimer. On incline le peuple vers le ruisseau, il faut lui montrer les cimes.

Instruire, gouverner : cela sera toujours impopulaire.

Un organisme ne saurait se mouvoir et vivre sans un centre nerveux. Une société se désagrège quand elle n'a plus de gouvernement. Et il n'y a plus de gouvernement, ni temporel, ni spirituel, quand c'est une carrière de contenir, de stimuler, de dicter, quand c'est un métier d'informer, d'enseigner et de conseiller.

L'inertie et la mort seules se dispensent d'être dirigées. Quand l'autorité spirituelle n'est représentée par aucun organe distinct approprié, ou elle est exercée par le pouvoir temporel, ce qui est le pire despotisme, ou elle est usurpée par les charlatans et les démagogues, ce qui est l'extrême décomposition.

L'éducation exige des éducateurs, et l'organition, des organisateurs. On les cherche.

Il y avait, il y a encore l'Église et son clergé. L'Université et son personnel ne sauraient remplacer l'Église. Dépendants « du pouvoir et des pouvoirs », les universitaires, les intellectuels, les savants sont inaptes à éclairer et organiser l'opinion publique.

Pour subordonner la personnalité à la socialité, c'est-à-dire pour organiser le concours en garantissant le maximum d'indépendance, deux pouvoirs se sont constitués de tout temps : le temporel, par le commandement et la contrainte ; le spirituel, par la persuasion et la sympathie. Il n'y a jamais eu, il ne peut y avoir de société sans gouvernement.

Le pouvoir spirituel a pour destination spéciale d'éviter les graves inconvénients de la division du travail en replaçant « constamment au point de vue général, des esprits toujours disposés par eux-mêmes à la divergence » et en faisant « rentrer dans la ligne de l'intérêt commun des activités qui tendent toujours à s'en écarter ».

Quand l'intelligence, obéissant au cœur et non plus à l'argent et au gouvernement, saura susciter l'approbation ou la réprobation de l'opinion publique, que le prolétariat, au besoin, appuiera du boycottage, aucune force sociale ne sera malfaisante.

Les véritables sanctions sociales ont eu souvent plus de force que les plus effrayantes sanctions théologiques, même au moyen âge, où l'on n'hésitait pas à risquer l'Enfer, en se battant en duel, pour éviter le déshonneur. Quand l'Église condamna justement les jeux romains, qui étaient une habitude sociale, peu de chrétiens y renoncèrent. Réprimandés par saint Augustin, ils répondirent : « Nous sommes chrétiens à cause de la vie éternelle et païens pour les agréments de l'existence de ce monde. »

Même le politicien, cette brute vorace, n'est pas complètement insensible aux réactions de l'opinion publique. Le chantage serait une industrie moins prospère s'il en était autrement.

Quoi donc faisait courber la tête au « fier Sicambre » et se prosterner les orgueilleux empereurs devant l'image du doux supplicié du Golgotha ?...

Le pouvoir spirituel est le plus puissant des pouvoirs, et pour l'ordre, pour la liberté, pour le progrès.

Une morale a pour fin la subordination de l'individu à l'ensemble, par un contrôle extérieur, une éducation, une direction, une stimulation et une contrainte ; une morale, c'est un gouvernement des actes, et des pensées qui inspirent les actes, et des sentiments qui animent les pensées.

La dévotion et le dévouement, ce sont deux aspects du même sentiment social, base de toute société. C'est l'office principal de la religion de le cultiver.

Ce ne sont pas les diplômes, le dilettantisme, l'érudition, la poussière des faits et la nuée des mots qui vivifient les âmes ; ce sont la synergie, la synthèse et la sympathie.

L'homme ne recherche les plaisirs, les stupéfiants et les excitants nerveux que pour s'évader de sa morne existence ou pour outrepasser le cercle très étroit des sensations qu'il peut tirer de son organisme. Donnez un aliment à l'esprit, un pouvoir à la volonté, et l'homme a un but, il se retrouve dans les autres. Il n'est plus un passant isolé dans la foule affairée, il est une partie intégrante de l'universel et de l'éternel. Il ne s'abstrait plus. Les « droits de l'homme » lui apparaissent ce qu'ils sont : la plus niaise, la plus épaisse, la plus nocive aberration du délire métaphysique. Désormais, il voit que la vie a un sens : s'élever dans l'Humanité. Il sait que l'action qui s'y applique n'est pas vaine.

Le fou est celui qui ne peut contenir son imagination et conduire ses associations ; le criminel est celui qui ne peut inhiber ses impulsions nocives et refréner ses appétits de brute. L'un et l'autre sont des aliénés. C'est dire que la liberté positive est dans le déterminisme des lois et que le droit est dans le devoir.

L'intelligence ne s'affirme que par la plus sage ordonnance des notions et des concepts dans la réalité nécessaire des phénomènes et les lois universelles, la volonté ne se manifeste et ne se développe que dans l'adaptation des dispositions et des énergies à l'ordre général.

Si la raison, la liberté, l'individualité s'évadent de ces frontières, ce n'est point pour s'épanouir, mais pour se dissoudre dans le vide.

Il ne s'agit point d'imposer à l'opinion générale des systèmes particuliers, provisoires, de tel ou tel penseur plus ou moins subtil, il s'agit de faire prévaloir la socialité sur la personnalité dans les activités, les pensées et les affections, en un mot, d'organiser le dévouement.

La croyance, quelle qu'elle soit, n'est pas toujours une discipline. Le spiritisme est une croyance et nous savons qu'il conduit au cabanon. Il faut que la croyance réunisse, par rapport à un temps, à une race, les conditions d'une religion socialisée.

L'esprit public ne se forme et ne s'anime que par les mœurs. Nous avons à restaurer les mœurs. Et les plus forts doivent l'exemple.

On ne pense bien que sous l'empire d'un sentiment, et surtout d'un sentiment social. De même le physique est sous l'influence du moral. Les vétérinaires eux-mêmes commencent à s'en apercevoir. Le sentiment social, c'est la pensée éprouvée de tous nos ancêtres.

Sans doctrine, c'est-à-dire sans dogme pour baser et nourrir la pensée, sans régime pour discipliner l'action et sans culte pour exalter et guider le sentiment, il ne subsiste qu'une monstrueuse exploitation de l'ignorance et des vices populaires par tous les charlatans que notre anarchie spirituelle fait pulluler. Quand le prêtre est chassé, c'est l'histrion, la tireuse de cartes, le spirite, le thaumaturge plus ou moins diplômé, le démagogue et l'aventurier qui prennent sa place.

Pour enseigner, conseiller et régler, il faut une doctrine. On n'enseigne pas ce qu'on recherche ; on ne conseille pas avec des inquiétudes ; on ne règle pas avec de vagues aspirations ; on n'agit pas, même moralement, dans l'absolu, c'est-à-dire le vide.

Les mœurs de l'esprit manquent autant que celles du cœur : on reviendra au dogmatisme. Non moins que les sentiments et les institutions, et préalablement, il faut systématiser les idées.

Qu'est-ce que le devoir ? — Un dogme nécessaire. Comment reconnaître un dogme sans doctrine ? Tous les agrégés et les docteurs en philosophie, toute l'Université, tous les auteurs des gros in-8° de chez Alcan ne s'en tirent qu'avec des mots et du brouillard. Ces savants ignorent ce que sait le plus naïf des curés de campagne, et d'abord qu'ils ne savent rien.

XXVII

DU POUVOIR SPIRITUEL

Que l'accord des hommes avec eux-mêmes, entre eux et avec le monde ne puisse être inébranlablement établi que par une religion, nul ne s'élève là contre. On conteste seulement que l'ordre soit indispensable au progrès. Il est évident, pourtant, que le véritable progrès ne peut être que le développement de l'ordre continu. Si l'on a accoutumé, en général, de considérer le changement, tout changement comme un progrès, le dévergondage comme une liberté, le psittacisme, toute connaissance plus ou moins oiseuse comme du savoir et toute divagation comme de la pensée, c'est que le sens des réalités profondes est atrophié chez les âmes dissociées.

Il convient donc, avant tout, de rallier les âmes et de les relier pour les guider.

On nous propose aujourd'hui, de faire dériver religion de *relegere*, opposé à *neglegere*, et non de *religare*. Mais ces disputes de pédants ne modifient en rien le sens social d'une grande chose comme la religion. Observer les rites, scrupuleusement, avec fidélité, sans négligence, c'est, en fait, se relier. Pas de religion sans culte, et pas de culte sans communauté.

Une philosophie directrice est une construction sociale qui exprime l'âme séculaire d'une race. Les vérités vivifiantes — et ce sont les seules vérités — sont de tous, et bien plus encore de la postérité et des morts que des vivants.

La doctrine qu'attend notre civilisation désemparée, désâmée, sera une synthèse complète, et donc subjective. Pour tout dire d'un mot, une religion. Garantissant l'indépendance en assurant le concours, elle réalisera la synergie en exaltant la sympathie. Elle unifiera l'individu avec lui-même et avec le monde, dans le temps et dans l'espace, pour la famille, pour la patrie, pour l'Humanité.

La religion, c'est-à-dire un ordre moral, est la condition fondamentale de la santé physique, morale et sociale. L'inquiétude, la maladie, l'insécurité sont le prix du désordre où nous nous complaisons.

Lorsque toute idée directrice est absente, lorsque, dans la conduite des individus comme dans celle des États, les expédients se substituent aux principes, lorsque rien ne relie plus les hommes et que tout les oppose, lorsque l'ordre n'est qu'apparent et ne se maintient que par la contrainte, on peut dire qu'il n'y a plus de société.

La contrainte, le mécanisme suffisent rarement. Même aux échelons infimes, il y a toujours, si peu que ce soit, consentement du cœur et de l'esprit. Une société est essentiellement une spiritualité.

La civilisation s'est faite lentement, des privations, des sacrifices, des efforts pénibles, consentis ou imposés. Quand la religion n'a pu persuader, il a fallu contraindre. Les saints, les héros, les génies sont l'exception, et ils ne le sont qu'à un moment, en quelque partie. A l'ordinaire, les hommes auront toujours besoin d'être gouvernés.

Pas de société sans gouvernement ! Il faut qu'une autorité temporelle se rétablisse avec tous ses moyens et tous ses devoirs ; mais bien plus encore qu'aux activités, et d'abord, il faut une direction aux pensées et aux sentiments.

Une civilisation ne se crée et ne subsiste que dans un État constitué et par une religion organisée.

Il n'y a pas d'autre façon d'assurer le concours indispensable à toute société que de contraindre par le gendarme, la faim et le sabre ou de persuader par la raison sociale et l'amour. Qui n'accepte d'être persuadé doit être contraint, — ou la société se désagrège.

On n'a jamais contraint que lorsqu'on n'a pu persuader. Comme le disait Moréas, « s'il n'y avait pas eu de protestants, il n'y aurait pas eu de Saint-Barthélemy ».

Le temporel ne s'inspire que du présent. Il n'a aucune autorité sur le passé qu'il ignore et l'avenir qu'il ne peut comprendre. Le praticien, si éminent qu'il soit, ne se peut passer des conseils éclairés du théoricien, et celui-ci ne saurait pratiquer. Généraliser ne laisse pas d'être aussi une spécialité. L'empirisme pratique suppose donc une direction morale, qui s'inspire de ce qui dure et organise le dévouement. Voilà où s'achopperont toujours la chance et le génie d'un Bonaparte. C'est qu'il n'est pas de destin contre l'ordre des choses.

Le pouvoir temporel commande aux actes ; mais le pouvoir spirituel modifie les volontés. L'un conseille, l'autre réprime et comprime. Aussi, la meilleure condition de l'ordre comme de la liberté est-elle la séparation complète des deux pouvoirs.

La destination propre du pouvoir spirituel est l'éducation de l'individu, l'organisation et la direction de l'opinion publique.

Et c'est socialiser : en science et en philosophie, les connaissances ; en politique, les forces collectives ; en art, les sentiments ; en morale, la conduite...

Ce n'est donc pas prêcher, mais fortifier, éclairer. Il faut être fort, car la force seule peut servir. Il faut voir clair, car les plus belles énergies individuelles, maintenues dans le trouble, se contrecarrent et s'annihilent.

Enfin, ce n'est pas disserter ; mais régler, conseiller, consacrer et diriger. S'il importe de savoir, c'est seulement pour prévoir afin de pourvoir.

Si la fin du spirituel est de garantir la continuité, celle du temporel est de maintenir, présentement, une suffisante solidarité. En outre, le pouvoir spirituel est général et universel, le temporel est spécial et local.

On voit que le pouvoir spirituel est d'autant plus nécessaire que le pouvoir temporel l'est moins. Mais, par là, on reconnaît de quel côté est le vrai progrès, et la civilisation. C'est que le pouvoir spirituel, quoiqu'il assure mieux encore le concours, garantit aussi l'indépendance, ce que ne saurait faire n'importe quelle contrainte matérielle.

« Il faut... », c'est facile à dire. Persuader à faire est plus malaisé. Mais c'est ce qui importe. Donc, pouvoir spirituel. Pouvoir spirituel et dictature. Pouvoir spirituel pour persuader, dictature pour exécuter et contraindre.

Le gouvernement matériel ne suffit point à une civilisation dont la complexité exige la souplesse des moindres rouages. Plus les relations sont complexes, moins elles peuvent être régies par un commandement simpliste, un mécanisme légal rigide. Le spirituel devient donc de plus en plus nécessaire. C'est toujours une régression quand il s'affaiblit. Le temporel commande les actes. Mais il ne sera obéi, avec le minimum de coercition, que si le gouvernement spirituel inspire les mobiles et prépare les volontés à consentir. Et pour cela, pour éclairer et diriger l'opinion publique, une doctrine est indispensable. J'entends une doctrine complète, une religion.

Le principe même de la séparation des pouvoirs temporel et spirituel, qui domine toute la politique positive, interdit au pouvoir modérateur toute participation au pouvoir coercitif.

La civilisation n'est que la prépondérance croissante du pouvoir moral sur le pouvoir matériel.

Il faut une doctrine au nom de quoi on puisse juger les pensées, les actes et les sentiments, parce qu'il n'y a pas, proprement, de « vie privée ».

Le social agit plus efficacement sur l'individuel, et de plus en plus, par la persuasion que par la contrainte. On ne contraint que lorsqu'on ne peut persuader.

Suivant Comte, tout l'art politique consiste à assurer le concours de l'ensemble en garantissant l'indépendance des parties. Seulement, l'ordre social exige que le concours soit d'abord assuré.

L'opinion publique, convenablement réorganisée, dégagera une atmosphère saine, calme et sensée, où les extravagances du cœur, des bras et de la tête ne pourront se propager. Cela suffira pour l'hygiène mentale et morale. Les aberrations ne seront pas encouragées par la lâcheté et la niaiserie, et elles se dissimuleront.

Quand l'opinion publique, sous la sage direction d'un pouvoir spirituel efficace, sanctionnera tout acte social, — et il n'est pas d'acte privé, — elle n'admettra pas, non plus, que l'hérédité physiologique soit une désignation suffisante. Elle y substituera de plus en plus l'hérédité sociocratique, c'est-à-dire l'adoption, la désignation du successeur par le titulaire d'une fonction quelconque.

XXVIII

LE CATHOLICISME

Ce qui manque aux matérialistes, c'est, moralement, l'esprit d'amour, et c'est surtout, intellectuellement, l'esprit de finesse. Leur psychologie est par trop rudimentaire.

Ce qui réfute sans réplique la libre-pensée et la démocratie, c'est leur auto-négation, l'impuissance qu'elles manifestent d'appliquer leurs principes et de se nourrir de leur propre substance.

Pas de religion sans prêtres, et pas de société sans religion. Et celle qui est, d'abord, non celle qu'on imagine.

La France ne se soutient plus que par le catholicisme, par l'influence spirituelle de l'Église qui conserve encore un reste d'opinion publique organisée. Tous les coups portés à l'Église, c'est donc en réalité la France qui les reçoit. Si « libre » que se prétende un « libre-penseur », il a encore le souci de ne pas être trop méprisé par le « calotin ». Le protestant même lui doit de surveiller sa « raison » et sa « conscience ». L'Église est le seul frein qui subsiste encore, — non seulement aux actes, mais aussi aux sentiments et aux pensées. De même, au point de vue temporel, ce sont les gouvernements monarchiques étrangers qui enrayent le plein épanouissement de notre parlementarisme, c'est-à-dire la dernière curée et la fin de tout. Le positivisme, il faut bien en convenir, n'est encore qu'une magnifique promesse, et qui ne se réalisera pas si la France est définitivement livrée aux fauves que l'ombre protectrice de la croix intimide encore.

Le sol émietté n'est plus à la famille qui le cultivait et s'y enracinait ; mais au passant qui l'achète, à l'argent capricieux.

Il reste pourtant, dans chaque village, un témoin de la civilisation française. Cet édifice est somptueux ou pauvre, humble ou glorieusement chargé de souvenirs. C'est l'église. Il n'y a pas que l'école où l'on abêtit « laïquement » et « scientifiquement », la loge et la mairie où l'on tripote les élections, le cabaret ; il y a encore l'église où croyants et incroyants renouent le lien social, recomposent l'âme de la race.

On constate trois états successifs de l'esprit humain : théologique, métaphysique, positif. L'état métaphysique, essentiellement critique, négatif, destructif, est transitoire. Mais c'est ce ferment d'anarchie qui prédomine aujourd'hui. C'est par lui que l'Église est persécutée, que la France est déchirée.

Le catholicisme étant la religion naturelle des Français, la mieux constituée, la plus positive aussi, il est absurde et criminel de vouloir l'exclure de la participation à la direction de l'opinion publique. Il faut être les niais et bas politicailleurs que sont la plupart de nos parlementaires pour s'imaginer qu'on gouverne un pays contre l'âme que lui ont faite les siècles.

Quand on désocialise les Français, il ne faut pas qu'ils s'en aperçoivent. Si les entreprises de la barbarie ont si bien réussi depuis un siècle, c'est qu'on les masquait de grands mots.

L'anticléricalisme, c'est l'anarchie morale. On prétend, il est vrai, échapper aux funestes conséquences de ce retour à la barbarie en proclamant l'autorité internationale de la science.

Mais si cette autorité pouvait se fonder, ce serait réinstaurer un autre sacerdoce.

Les persécuteurs sont ceux qui doutent. Quand on est sûr de sa direction, on ne veut que la liberté de la suivre et de la montrer.

Jamais il n'y a eu tant de tireuses de cartes, de nécromanciens et de sorciers en tous genres, y compris le genre électoral, que depuis qu'on abêtit les petits Français dans les écoles sans Dieu. Les superstitions du spiritisme sont plus incohérentes, plus stupides, plus basses que celles des nègres les plus abrutis du Congo, et elles se propagent d'une manière effrayante, — et non seulement chez les cuisinières formées par la laïque, mais même dans les laboratoires des facultés et les académies.

Les statistiques sont cléricales avec éclat. Elles ne cèlent point la conséquence du « droit de n'avoir aucune religion ». Elles marquent tous les symptômes de décomposition sociale et avec quelle rapidité ils se multiplient et s'aggravent : pornographie, alcoolisme, dépopulation, divorces, folie, suicides, prostitution, criminalité (et surtout la criminalité juvénile), etc.

De vulgaires matérialistes qui se croient positivistes sont persuadés que la science nie

Dieu. Mais la sagesse positiviste compréhensive s'oppose à l'infatuation du scientiste négateur. Là-dessus, tout ce qu'avoue savoir le vrai positiviste, c'est qu'il ne sait pas, qu'il ne croit pas pouvoir savoir et que, sans doute, pour servir, honorer et aimer congrûment l'Humanité, il n'est pas besoin de savoir.

Il y a plus de raison vivante et vivifiante dans le dogme touchant de l'Immaculée-Conception que dans n'importe quelle théorie métaphysique.

La croyance au surnaturel n'est pas un fait de volonté, non plus que de nécessité politique. C'est un état d'esprit. La vie est toujours facile à qui croit. Il a une lumière qui le guide. Il est ivre d'amour. Il voit le monde comme un amant sa maîtresse, et un amant qui serait un magnifique poète. Au fond, il entend mal les angoisses de ceux qui ne peuvent partager sa foi naïve. Et n'est-ce point ceux-ci qui ont le plus besoin de réconfort et de direction ? En réalité, il ne s'agit point de crédulité ou d'incrédulité, il s'agit de l'état théologique, de l'état métaphysique et de l'état positif. L'état positif peut faire surgir une croyance plus forte que l'état théologique, puisqu'elle porte sur tout ce qui est démontrable sans avoir besoin d'être constamment démontré.

Un digne prêtre m'écrivait dernièrement qu'on ne peut être catholique « qu'au nom de la vérité intrinsèque, littérale, absolue et intangible de la Révélation ». Il n'importe si, en construisant le « royaume de Dieu », le croyant réalise l'ordre humain ! Dieu n'a pu vouloir que l'ordre et la plus grande Humanité. C'est blasphémer que de supposer qu'en s'élevant l'homme n'obéit pas à Dieu. Pour le social, catholiques et positivistes ont donc le même principe : l'amour ; la même base : l'ordre ; le même but : le progrès.

L'amour chrétien a toujours su utiliser les tares. De l'atavisme meurtrier, il fait de l'héroïsme ; de l'hystérie, du bouillonnement excessif des passions, il fait de la sainteté ; de l'orgueil du scandale non conformiste, il fait du génie précurseur.

Les opinions sont multiples, divergentes. Laquelle prévaudra ? Fontanes rappelle que le « docte Varron comptait de son temps deux cent quatre-vingt-huit opinions sur le souverain bien ». En fait, présentement, il n'y a que deux doctrines susceptibles d'inspirer un pouvoir spirituel : le positivisme et le catholicisme. Dans l'Humanité, socialement, elles convergent. Elles ne se séparent qu'au delà, et dans la pratique politique cela importe peu. Leur sociologie ne saurait donc différer, non plus que leur mathématique. De même leur morale. En ce qui concerne la terre, les prescriptions de Dieu sont positives. Dieu n'a rien voulu contre la nature de l'homme et du monde.

Certes, la cité antique fut belle. Comme l'enfance. Mais tout ce qu'elle eut d'humainement bon fut incorporé par la société chrétienne, et agrandi, purifié.

Le protestantisme est purement critique et négatif. Toute notre anarchie en émane, et toutes nos folies.

De toutes manières, le protestantisme vise toujours à une façon de théocratie.

La Réforme fut une régression peut-être nécessaire, mais ce fut une régression.

Les protestants, d'ensemble, vont naturellement à l'erreur, au désordre. C'est presque toujours une garantie de bon sens d'être leur adversaire sur quelque question que ce soit. Ce sont, à la fois, les plus agités, et les plus tyranniques, les plus incohérents et les plus fanatiques, les plus superstitieux et les moins religieux des hommes. Ils participent aisément aux pires aberrations : féminisme, communisme, antimilitarisme, spiritisme, végétarisme, tous les niais réformismes d'orthographe, d'alimentation, d'habillement, etc... Et ils ont une terrible propension théocratique à faire appel aux lois, aux puissances temporelles pour modifier les habitudes et les mœurs sur leur plan du moment.

Hormis le catholicisme, qui ne convient qu'aux croyants, et le positivisme, toutes les théories plus ou moins spécieuses qui divisent actuellement les esprits et les opposent sont partielles, et donc partiales. La pensée, l'énergie et le sentiment ne s'harmonisent que dans une synthèse universelle, une religion.

Les religions théologiques, avec leur absolutisme fondamental, étaient condamnées à devenir insuffisantes. Elles étaient marquées pour finir après des siècles de puissance et de splendeurs ; car leurs solutions, pour bienfaisantes, progressives qu'elles aient été et admirables qu'elles seront toujours, ne purent être jamais que partielles et temporaires.

Éliminer Dieu, que l'intelligence et le sentiment ne peuvent plus accepter, pour conserver seulement la force sociale que représente l'Église, c'est d'abord froisser les vraies croyances, les désemparer, et c'est aussi raser Samson. Laissons l'Église aux fidèles. Pour les incrédules, il y a le positivisme. Il satisfait à tous nos besoins de sentiment, il peut représenter les forces sociales de l'Église avec tous les développements que comportent une mentalité plus étendue et une socialité plus complexe.

Aujourd'hui, les croyants et les incroyants sont à peu près également partagés et aussi désemparés. Ni ceux-là ne convertiront ceux-ci, ni ceux-ci ne doivent inquiéter ceux-là dans leur foi.

Nous avons à reconstituer la société française. L'Église n'y peut suffire seule, puisqu'elle n'a pu défendre et garder seule. Elle n'a pu prévoir ni arrêter le funeste épanouissement des divagations métaphysiques et des négations révolutionnaires. D'autre part, on ne peut rien sans elle. On n'édifie que sur des assises.

XXIX

LE POSITIVISME

Le positivisme ne s'adresse point aux catholiques. Surtout dans sa phase militante, il ne leur donnerait pas mieux. Il ne s'adresse qu'à ceux qui gâchent une vie sans base, sans ressort, sans but, dans un décevant vagabondage mental, sentimental et moral.

A ceux qu'agite le tourment métaphysique et qui s'interrogent vainement sur les origines et les causes, au lieu de s'en tenir aux rapports, aux lois, seuls accessibles à l'intelligence humaine et seuls utiles à connaître, le positivisme assure qu'il n'y a qu'une réponse qui les puisse satisfaire et qui convienne : Dieu, créateur et dispensateur de toutes choses. Il va plus loin : Aux croyants incomplets qui écartent Dieu des affaires terrestres, il recommande la seule doctrine qui les puisse rallier : le catholicisme.

Dans l'avenir le plus lointain qu'on puisse imaginer, le positivisme ne s'opposera pas au catholicisme, puisqu'il ne peut et ne veut que le continuer. Mais il faudra que l'un finisse par absorber l'autre, objectera-t-on encore ? Pourquoi ? Des religions ne sont pas des armées en bataille, des partis qui ne peuvent s'élever que sur la ruine des autres. Ce sont des étapes de l'Humanité. Aucune ne disparaît. Le fétichisme et le paganisme, par exemple, dans ce qu'ils avaient d'essentiel, ont plutôt été revivifiés par le christianisme. Le théologisme même n'est pas près de s'éteindre, et sa forme de plus haute civilisation est le catholicisme.

Ne nous y trompons point ; en France, actuellement, il n'y a que deux disciplines possibles pour un cerveau qui se veut sain, pour une âme qui se veut forte, pour une énergie qui se veut efficace : le catholicisme traditionnel pour les croyants, le positivisme pour les sceptiques. Ils ne se peuvent réduire l'un à l'autre, et il serait mortel pour la société française de le tenter.

Les conditions de l'ordre comme les conditions de la vie sont les mêmes pour le catholicisme et pour le positivisme. Ce sont les deux seules doctrines qui subordonnent en tout la personnalité à la socialité.

Le positivisme et le catholicisme sont deux doctrines organiques complètes, et les seules capables d'instituer un pouvoir spirituel formateur, organisateur et directeur d'une opinion publique agissante. Leurs disciplines étant aussi strictes qu'elles doivent l'être, ces deux religions marquent sincèrement deux phases de l'esprit humain. En dehors, il n'y a que dissolution ou régression.

On n'est libre que par la discipline, on n'aime la liberté que dans la règle. Le positivisme et le catholicisme sont une discipline et une règle pour la pensée et la conduite. Dans ces deux grandes doctrines, et par elles seulement, on peut s'entendre, on peut s'associer, puisqu'on peut savoir dans quelle mesure et pour quelle fin.

Le positivisme est le digne continuateur du catholicisme, éducateur du monde occidental et plus particulièrement de notre France. Si celui-ci est la religion théologique qui contient le moins de surnaturel, celui-là est la philosophie qui satisfait le mieux aux besoins du cœur. En somme, le positivisme est un catholicisme plus catholicisé, c'est-à-dire plus universalisé, et mis au point des exigences de la raison positive.

La politique positive cherche à rétablir toutes les conditions morales du catholicisme, qui sont les conditions vitales de la société française. S'il va plus loin que le Décalogue, d'abord il en retient tout. Il ne fait qu'y ajouter. Il veut organiser l'opinion publique pour créer une atmosphère sociale vivifiante et purifiante. Il condamne le divorce comme une rétrogradation vicieuse sur l'admirable monogamie instituée par le catholicisme. Il restitue à la femme sa mission morale. Il célèbre la pauvreté, la chasteté, l'abnégation. Il organise le dévouement. Il proclame qu'il n'y a que des devoirs. Il réclame la liberté d'enseignement, d'association.

Quelles fins ont les doctrines, si ce n'est de nous améliorer, de nous élever ? Quelles fins, le savoir, si ce n'est de prévoir pour pourvoir ? C'est pourquoi toutes les grandes doctrines, le catholicisme comme le positivisme, aboutissent à une morale, et à celle qui convient à leur temps. Ces doctrines sont grandes, précisément, parce qu'elles ont leur place dans la série historique. Rien ne prépare mieux au positivisme que la discipline catholique.

Le positivisme n'est pas une aventure électorale, le nombre de ses adeptes importe moins que leur valeur. Il ne s'agit pas de prosélytisme, mais de reconstruire un ordre vivant. C'est l'esprit du positivisme, sa discipline, dont il faut animer les hommes et vivifier les institutions.

Le positif exclut la prétendue « liberté de conscience ». Alors ? — Rien de plus sûr que cet axiome : « Le dogmatisme est l'état normal de l'intelligence humaine. » Acceptons donc les dogmes qui permettent le plus grand développement de vie harmonieuse. Les dogmes positifs ont pour eux encore d'être relatifs et démontrables.

Les esprits qui se disent libres parce qu'ils s'aliènent en se déliant répugnent au dogmatisme. N'est-ce pas un dogme que d'affirmer la réalité du sujet et de l'objet ? Pas de pensée, pas de sentiment, pas d'action, pas d'existence sans dogme. C'est le fondement même de la positivité, état définitif de la connaissance et de la pensée humaines. On ne construit rien de durable sans assises. Le pyrrhonisme absolu est impossible. En tout cas, ce ne peut être une pensée. Ses tenants les plus logiques ne se rencontrent que dans les asiles d'aliénés. La négation nihiliste est moins insensée, mais elle aussi repose sur des dogmes.

L'absurdité intégrale, je veux dire le dogme absolu et indéfini du libre examen individuel, n'a pas que des conséquences sociales ; la personnalité en subit aussi, directement, les effets désastreux.

Ne nous leurrons point. Notre conscience, c'est nous-mêmes, et nous sommes juges trop partiaux pour nous-mêmes de nos propres devoirs. Au point de vue social, notre conscience n'est guère mieux qu'une insinuante proxénète logique, toujours là pour servir nos faiblesses et nos humeurs.

Les principes qui inspirent et guident la conduite privée et publique ne sauraient être remis en question à tout moment sans déterminer une sorte de démence sociale. Ne serait-ce que pour raisonner sainement, il faut une doctrine.

Il est donné à bien peu d'hommes de s'élever par ses propres moyens. Quand on se désorbite de la solidarité et de la continuité, on n'est plus qu'un passant égaré, une épave flottante dans le chaos. Le génie seul peut être égotiste, et donc excentrique, parce qu'il est l'expression synthétique d'un moment social. Il contient son propre centre d'attraction. C'est un Moïse, un Çakya-Mouni, un Confucius, un Aristote, un saint Paul, un Mahomet, un Comte. Il y en a un par millénaire, et l'Humanité n'en supporterait pas plus.

Vivre est un parti pris.

La philosophie aboutit à la sociologie, et la sociologie à la religion.

Dans cette science des sciences, toutes les lois connues et même inconnues sont coordonnées subjectivement. Malgré l'ignorance, il faut vivre, — soit : penser, agir, aimer. La vie précède la connaissance.

L'enthousiasme est une fleur rare et magnifique qui ne s'épanouit que dans le champ de l'impossible.

Souvent, nous prenons pour rêves et erreurs le débordement d'un cœur et d'un cerveau trop pleins pour notre temps. Nous reconnaîtrions là, sans doute, un fécond amour et de puissantes vérités si notre entendement était plus robuste et nos élans d'âme moins médiocres.

L'intolérance systématique du positivisme consiste à ne pas admettre les erreurs et les folies dangereuses. On la peut comparer à l'intolérance d'un organisme sain pour les toxiques et les éléments morbides, d'autant plus intolérant qu'il est plus sain.

Il nous faut une assise, c'est-à-dire des dogmes ; une méthode, c'est-à-dire des règles ; une doctrine, c'est-à-dire un but.

Ceux qui ne subordonnent point leurs raisons, leurs caprices et leurs mouvements à un statut social ou religieux ne sauraient penser, vouloir et agir positivement.

Sans doctrine, on retient mal sa raison.

On connaît mal le positivisme. La synthèse du savoir humain aboutit à une vraie religion qui a pour fin — comme toute religion — la subordination des instincts égoïstes aux impulsions altruistes, de la personnalité à la sociabilité, de ce qui passe à ce qui dure, du détail à l'ensemble, de la raison et de l'activité au sentiment. C'est Comte qui a dit : « La foi est la plus grande vertu sociale. »

A le bien prendre, le positivisme n'est qu'un catholicisme qui se connaît.

Nul n'a si bien montré que Comte l'accord émouvant de la foi avec l'ordre universel, lequel est une des plus fortes raisons de croire pour les âmes qui s'inquiètent.

Le positivisme relie l'homme au monde par l'Humanité comme le catholicisme par Dieu. Le procédé logique importe peu. Socialement, nous n'avons à considérer que le résultat. L'œuvre dans le ciel du catholicisme nous est et nous restera positivement inconnue. Son œuvre sur la terre ne saurait être ignorée des Français. Il a fondé la société française, la fleur de la civilisation, et la civilisation occidentale, la plus magnifique expression de la grandeur humaine. Un des principes du positivisme, c'est de ne pas sacrifier les moyens au but. Acceptant l'œuvre, il ne rejette pas l'instrument. D'un autre côté, le catholicisme ne peut s'opposer à soi-même, à ce qu'il a créé réellement. Il ne peut que vouloir perfectionner cette œuvre grandiose qui est si profondément sienne. Tant qu'il le pourra et le voudra, il aura sa raison d'être, il sera humainement indestructible. Un vrai positiviste souhaite l'Église forte, parce qu'il la sait efficace. Et il ne méconnaît point le meilleur de cette force, où elle s'anime : la naïveté, la spontanéité, la ferveur de la foi en Dieu.

Par sa puissante systématisation universelle, le positivisme établit définitivement l'unité au dedans, l'union au dehors et la continuité dans la vie collective et individuelle. Il résout ainsi, complètement, tout le problème religieux : régler chaque nature individuelle et rallier toutes les individualités.

Dans le positivisme, tout est lié et relié, et l'indivisibilité de la nature humaine y est proclamée avec force. Si la pratique est nécessairement spéciale, la théorie doit être toujours générale. Chacun ayant sa tâche définie, il doit savoir comment cette tâche concourt à l'œuvre d'ensemble. Dans la confusion anarchique présente, au contraire, sans rien concevoir, chacun veut tout exécuter.

La spécialisation des fonctions se détermine seulement par la prédominance des facultés. Mais le positivisme les cultive toutes, en chaque être humain, pour les harmoniser dans sa vaste synthèse. Distinguer pour ne pas confondre et limiter pour ne pas disperser.

Le positivisme est définitif, d'abord parce qu'il est relativiste, ensuite parce que le positif est incontestablement définitif.

Le concept du déterminisme discipline nos efforts, et le concept du relativisme les harmonise.

Le positivisme satisfait aussi, malgré son relativisme fondamental, au besoin d'absolu qui sera toujours ressenti par les âmes les plus ardentes. Dieu était un absolu en soi, l'Humanité est un absolu pour les hommes. En effet, l'Humanité est un absolu relatif, puisque tout ce qui est humain, c'est-à-dire tout ce que nous pouvons connaître et qui peut nous servir s'y rapporte.

Dans le positivisme, la religion est partout, elle absorbe tout. Toute pensée, toute action, toute affection se rapportent à ce qui nous relie dans l'espace et dans le temps. Elles en sourdent et elles y aboutissent.

Le positivisme est la religion de l'Humanité. C'est-à-dire que le médium entre le monde et l'homme est désormais l'Humanité, — un être non plus fictif, mais réel.

Le positivisme seul peut en finir avec les dangereuses divagations individualistes. Lui seul peut accorder le cœur et l'intelligence en subordonnant celle-ci à celui-là. Lui seul peut nous apprendre la soumission, base de tout perfectionnement.

Le positivisme sera toujours bien mieux compris par le cœur que par l'intelligence. C'est donc une doctrine pour le peuple.

Le positivisme a déjà pénétré les sciences, il lui reste à pénétrer l'art humain. J'entends à coordonner nos idées, à discipliner nos activités, à socialiser nos sentiments.

Le XIXe siècle ayant été le siècle de la philosophie positive, il faut que le XXe soit le grand siècle reconstructif de la politique positive.

Le positivisme n'est que la philosophie du bon sens, la morale de la sociabilité active et la religion de la bonté.

Dans la positivité œcuménique, l'homme ne sera plus l'être de hasard qui passe, inquiet, méfiant, méchant, en lutte contre tous et avec soi-même. Quand il servira, avec dévouement et amour, la famille, la patrie, l'Humanité, alors seulement son existence lui sera intelligible, il continuera ce que ses ancêtres ont commencé et il saura que ses descendants achèveront ce qu'il entreprend. Il vivra pour autrui, parce que c'est en autrui seulement qu'il se peut dépasser et survivre.

TABLE DES MATIÈRES

www.ingramcontent.com/pod-product-compliance
Ingram Content Group UK Ltd.
Pitfield, Milton Keynes, MK11 3LW, UK
UKHW020430200726
13857UKWH00002B/367

9 782013 273503